浙江少年文学新星丛书·第六辑

海飞 主编

湖畔少年锵锵集

王得一 著

吉林文史出版社
JILINWENSHICHUBANSHE

图书在版编目（ＣＩＰ）数据

湖畔少年锵锵集 / 王得一著 . -- 长春：吉林文史
出版社，2020.4（2022.2）

ISBN 978-7-5472-6763-9

Ⅰ．①湖… Ⅱ．①王… Ⅲ．①作文－小学－选集
Ⅳ．①H194.4

中国版本图书馆 CIP 数据核字（2020）第 038898 号

湖畔少年锵锵集

HUPANSHAONIANQIANGQIANGJI

著　　者：王得一
责任编辑：柳永哲
封面设计：四川悟阅文化传播有限公司
出版发行：吉林文史出版社有限责任公司
地　　址：长春市净月区福祉大路 5788 号　　邮编：130118
电　　话：0431-81629363（总编室）　　0431-81629372（发行科）
网　　址：www.jlws.com.cn
印　　刷：三河市嵩川印刷有限公司
经　　销：全国新华书店
开　　本：210mm×145mm　1/32
印　　张：6.5
字　　数：109 千字
版　　次：2020 年 4 月第 1 版　2022 年 2 月第 2 次印刷
定　　价：36.00 元
书　　号：ISBN 978-7-5472-6763-9

印装错误可与印刷厂联系退换。

王得一

　　我叫王得一，是义乌市稠城一校六年级的学生。或许人家觉得我还小，可有志不在年"少"，年龄限制不了我对写作的憧憬与向往。从上三年级开始，渴望成为作家的梦就在我的心中燃烧。为了这个梦想，我看书狂热到了废寝忘食的地步。写作时，我感到前所未有的舒畅，一本本书在脑中闪过，一个个汉字在笔尖流淌，让我陶醉其中不能自拔。我深切希望未来的自己，能写出更多美妙的文章。上五年级的时候，我已经写了不少记录自己生活、学习的小文章，即便有时江郎才尽，半天蹦不出一两个字，也从未放弃。在我看来，作家这个职业是那么神奇，给人一种近乎缥缈的感觉。每次回头看看自己写好的文章，真是一件令人开心的事情！我热爱写作，如同热爱自己的生命。这本文集，是我近几年来的心血，虽然有很多稚嫩的地方，但这是我成长路上真实而坚定的脚印。希望在大家的指正与鼓励下，终有一天，我能成为一名真正的作家，创作出无愧于理想的优秀之作。

古琴吟诵

写生

4

去美国研学

圆明园童心画文游学

内容简介

　　本书主要为王得一同学四、五、六年级创作的作品，有课堂作文，有比赛征文，更多的是湖畔书院"童心画文"游学作品，分为"时光""物语""旅途""镜像"四个板块。前三个板块分别记录了光阴流年里，季节的变迁，人世的变幻，对事物秉性的追寻，对旅途趣闻的回味，最后"镜像"这一板块，是一些虽则虚构但耐人寻味的小故事，童话小说皆有。字里行间，充满对生活的热爱，对现实的思考。这是一位乐于表达，也敢于表达的小作者，愿他能用这支恣意汪洋的笔，一直写下去。

目录

CONTENTS

时 光

绣湖春鸟

稀稀拉拉的枯叶间抽出新芽，虽若隐若现，但毕竟带来了春的信息。而焕发出生机的，不仅是草木，更有"结"于树间的各色鸟儿。

这是绣湖鸟岛，春天的鸟岛。

一只只鸟错落有致地伫立于树枝上，午后，它们静静地聆听风从四面八方带来的春的信息。小小的鸟岛，放眼望去，密密麻麻都是鸟的身影。

突然，一阵骚动，原本静谧的鸟岛转眼便有了勃勃生机。它们扇动着翅膀，灵活地在枝枝叶叶间徘徊，修长的羽翼，修长的脖子，修长的腿，修长的喙，多么美丽的生灵！它们静立于枝头的身姿已足够引人侧目。湖边不乏拿着"长枪短炮"的摄影爱好者，长时间地将镜头对准它们，试图将它们生命中的某一刹那永远定格。尤其它们开始扑飞时，扇动着虽灰蒙蒙却闪耀着生灵色彩的翅膀，高旋于绣湖之上，旋即掠过湖面，扫过枝头，似乎长风一起，便能扶摇而上，直至九万里长空。波光粼粼的湖面上留下它们划过的闪光的波纹，那是荡漾着初春的生命活力的波纹啊！纹痕中传递着湖水刚刚苏醒的喜悦，还有鸟在阳光下得以舒展的欢欣。但水面与飞鸟，彼此不过是匆匆的过客。我想鸟儿更属于天空。在天空中，它们尽情释放生命的激情，特别是春天的来临，让它们更为兴奋，蜷缩了一个冬天的羽毛，在醉人的春风里翻腾着、舞动着，它们恣意翱翔在苍穹之上，仿佛永远不会精疲力竭，它们在空中盘旋，俯视着这美丽的家园，绿草如茵，杨柳堆烟，感受风里迎春花明艳的问候，感受林中红叶李雪白的柔情，一呼一吸，都充满了春的味道。暂且停止扇动的翅膀，任身躯自由滑翔吧！它们张开硕大的翅膀，被空气轻盈地托浮着，时光仿佛静止下来，它们飞成了一尊雕像，侧着耳朵，倾听云，倾听微波，倾听大地的一言一语，辽阔的天空，芬芳的空气，无限的自然！

长风几万里，又有何处不能去！

我痴痴地驻足岸边，一整个下午，凝望着时而静默栖息，时而腾空直上的鸟儿们，浮想联翩。不知何时，两只灰蒙蒙的鸟儿扑打在了一起，湛蓝天空中上演了一场精彩的"对决"。两只鸟儿仿佛春日里的风筝，轻盈飘逸地操纵着身躯，做出了钢铁飞机不可呈现的柔美动作。我不禁暗自感叹：即使是打架，它们也有着属于自己的空中舞蹈——飞鸟的独特姿态。哪里像人，打起架来便大动干戈，你死我活。鸟是和平的动物，只在空中鸣叫着发出警告，象征性地舞动着犀利的鸟爪，或许这于它们来说，不过是活动活动酸麻的筋骨罢了。摆弄一番后，便心满意足地扬长而去，两者的姿态都有了变化，仿佛增添了圣者的风采。

鸟岛上的鸟，唯一美中不足、与这春天不太相称的是它们的叫声，十分沙哑，仿佛被堵住了喉咙，是体态偏大的缘故吗？幸而它们不常常鸣叫。我既遗憾又庆幸地想着，不知从哪儿飞来一只雀儿，在枝头啼啭，它是天生的歌唱家！它所啭出的，永远是最自然的曲调，一连串跳跃的颤音，美过了人类所发明的所有的丝竹管弦声。它来得如此及时，是为我歌唱，还是为这些湖中的水鸟歌唱呢？或许都是，也都不是。应该是这样：它与湖中的水鸟，还有隐于这偌大的公园林间的各色飞鸟一起，都是为了春天而来，为了春天歌唱、飞翔。

晨光

又是一夜清寒。

早晨，湿漉漉的风从窗口进来，仿佛催促着人们起床，睡眼蒙胧的我有气无力地坐在床头，和外面那灰蒙蒙的天一样无精打采。略一梳洗，蹲于阳台之上，让清爽的风尽情拂过脸庞，拂去昨天一日的劳累，拂去昨夜的朦胧。

天边渐渐露出了一抹胭脂红，仿佛是少女轻轻抹上了微微晕开的胭脂，显得更加妩媚动人。继而，可爱的粉嫩的红色下方出现了若隐若现的鱼肚白，那是太阳公公的告示。一层羞答答的黄，在太阳的催促下，犹犹豫豫，踌躇不前，可当它害羞地走出来时，太阳公公便迫不及待地跳出来，将它宏伟的金光洒满大地，一刹那，整个大地都仿佛穿上了太阳公公所馈赠的金色的礼服。

当第一抹晨光照耀到我的眼中时，柔和的光令人很温暖。缓缓升起的太阳，如同一个正在长大的人，从一个对别人充满依赖与眷恋的男孩子长成了一个铁骨铮铮充满力量的男子汉，它变得锋芒毕露，锐利而刺目，那向宇宙四方散发出的万丈光芒，仿佛变成了一支支利箭，无比坚定地射向重重的黑暗。

我佩服那一片黑暗中穿云而出的太阳，我想成为那一支支金色的利箭，穿透一切灰暗，创造充满光明的世界。

清明粿飘香

～～

　　第一次见到清明粿，是在赤岸，妈妈老家，那是我3岁时的事儿了。如今我对清明粿的样子早已记不清楚了，可是甜滋滋的红糖味儿和外婆暖暖的爱永远糊在我的心头上。那时的我，不知什么是艾草，屁颠屁颠地跟在外婆后面，看着外婆佝偻着的背影。那时的我，十分喜欢外婆，不忍心让外婆辛苦地摘那些在我闻来又苦又臭的东西。于是，我便拿着个篮子，随便找了块地，有模有样地学起外婆掐艾叶的样子。夕阳西下，我回到陪伴了我一整个童年的老屋子里，可是，外公外婆一看见篮子里装的那些"艾叶"，差点儿笑喷了，毫不知情的我满脸疑惑地看着他们，仿佛在说：你们在笑什么呀？

　　到了后来，我才知道，我摘到篮子里的东西，都是什么狗尾巴草呀、车前草呀，只有几片是做清明粿用的艾叶。不过，车前草的叶子还是被留下了，我也不知道它可以用来干什么。其余的呢，都进了为蒸清明馃服务的柴火堆里面。

后来包清明馃时，我只记得我包了一个既不像清明馃，也不像什么动物啦、月饼啦之类可以吃的东西的四不像，所有人都笑了，只有我一本正经地在那儿捏来捏去的，还当起了小大人，大声责问他们为什么要笑我的"杰作"。爸爸给我的清明馃拍了照，现在看起来，就像是一朵天上的白云，什么都不像但又什么都像。这就是我小时候辛辛苦苦做出来的认为很好的清明馃，真是不可思议！

开始吃的时候，我执意要吃我自己做的清明馃，那个不成样儿的团子。爸妈说我吃得狼吞虎咽、津津有味。吃完自己做的，又吃外婆做的，整整吃了八个拳头那么大的清明馃，恐怕连现在的我也吃不了那么多吧？我忍不住想：小小的我哪儿来那么大的肚子来塞这么大个、又这么多的清明馃呢？想必是外婆精湛的手艺让我着了迷，大吃特吃起来，因而我的嘴成了个无底洞，我的胃也顿时增大了好几倍。

后来外婆去了上海，我没能经常吃上外婆做的那香甜的、又软又糯的清明馃了。每到清明，妈妈年年给我买机器做的清明馃，吃着那种清明馃，我总是感觉好像少了点味儿，所以我总是吃不惯，吃了两三个就吃不下了，好似有什么东西塞在胃里一样。直到后来有一次，外婆偶然又从上海回来了，做了清明馃给我吃，我才找回了童年的味道。再后来，妈妈也开始亲手做清明馃了，做的清明馃也有了外婆的那种味道，那种飘溢着无比珍贵的爱与浓浓的亲情的味道。

今天，我又像小时候一样，吃到了自己亲手包的清明馃。包的过程可以说历尽千辛万苦，结果呢？做出的第一个清明馃，脸上长满了黑黑的"麻子"，看起来十分丑陋，而且好像被什么东西刺穿了身子，流着红黑相间的"血"，真是惨不忍睹呀！到了第二个的时候，我学乖了，没有放那么多的馅，小心翼翼地把馅裹进去，又好不容易把它团成一个团儿，正暗自庆祝终于包了个像样的，不小心在清明馃下面捅了一个洞，唉，我的心中满是无奈，只好又用起了从刘凯威那儿学来的"补漏大法"，搓了一个球儿黏在洞口，漏是不漏了，可那一块与众不同，恰似一个人脸上长了麻子，真的不大好看。

清明馃蒸熟后，不管好看难看，都被我们风卷残云般地一扫而光了。与小时候吃到的不同，这次的清明馃散发着的，除了长辈们对我们浓浓的爱意，还有来自伙伴之间的手足之情。

当清明的那一缕艾香融入千万家，融入我们成长的每一个阶段时，流淌在血脉里的人与人之间的情谊也随之浓郁起来。

八雅·插花

——❧——

"花开堪折直须折，莫待无花空折枝。"自古以来，许多文人雅士喜于插花。花的香气、姿态，加上精致的、恰如其分的花瓶，使许多文人陶醉。自己园子里种的花，或山野之间折来的花，都能通过剪插，带来妙不可言的意趣。插花时讲究高低错落，一枝两枝直，三枝四枝曲，又讲究按照花之形态来取舍，有时宜直，有时宜曲，曲曲直直，方显插花之灵动多变，丰富多彩。

插花，盛于唐宋，继承于元明，可谓源远流长。今天，我们要尝试一种简易的插花，只将花插成一个饱满的半球形，虽不如古人讲究，倒也一样充满趣味。插这种花可以随心所欲，亦可规规矩矩，分为礼仪插花和艺术插花。眼前是五彩缤纷的花，我决定用艺术插花的方式来装扮我的花篮。花有高有低，由内向外，中间一朵耀眼的白玫瑰，是最引人注目的，周围一圈五颜六色的小雏菊，细细密密地簇拥着一朵冷艳、高贵的白玫瑰，令玫瑰更像花中女王，又似宫廷的妃子。它静静地立在花丛之中，孤傲地散发出一股无法言表的香，使人陶醉。而这么多的小雏菊，令人目不暇接，它们像一群叽叽喳喳的女生，有一种青春勃发的生命力。再往外一圈，佐以郁金香、小玫瑰等各色花朵，好似白玫瑰女王举行了一次大聚会，各种花争奇斗艳，一朵比一朵香，一个比一个美。这一枝虽亭亭玉立，却不如那几枝来得香；那一朵虽姿态优美，却不如这一朵颜色娇艳。花儿们争奇斗艳，引得我们插花的小伙伴们相互观赏、相互赞叹。

琴棋书画诗酒茶花，是为八雅。我们学着古人，在书院风雅了一个下午，还是意犹未尽，总想着哪天到田野里折些花儿来，插上一两枝，带回家，闻它的香，赏它的形，或摆在桌上，或供在案头，风吹来，枝条随风舞动，好似与另一生命对话一般。如此美好，也难怪文人骚客为之沉迷了。

蝶恋花

————～————

春的到来，让冬天那光秃秃的枝干又抽出新的嫩芽来了。大自然一年中最繁华的日子终于到来。到处百花齐放，姹紫嫣红。头一天还是一片绿油油的草地，一夜春雨，第二天便是春的花园。细小的野花从泥地里探出头来，沁人心脾的迎春花在碧绿的叶子中格外显眼，散发出阵阵迷人的清香，月季带着略微的羞涩从带刺的茎上露出脸来，它和迎春在比谁更芳香呢！

这下子，蝴蝶便成了最公正的裁判。有的雪白的薄翅上带着黑色的斑点，有的十分朴素，清一色白，白得透亮，白得可爱。太阳光透过那薄薄的翅膀照过来，优美而柔和。我轻轻抓住一只蝴蝶，那娇小的翅膀在手中扑腾着，我轻轻地抬起手，用力一扬，那看似无比弱小的翅膀在空中用力扑扇了两下，竟乘着风，飞上了蔚蓝的天空。它有时又停在枝叶上，仿佛玩累了，需要休息。

当翅膀被水打湿时，它们仍顽强地爬起来，振翅飞翔。这是多么顽强的生命力啊！这生命虽娇小，却同样来之不易，从卵变成虫，又成蛹，再成蝶，这之中要经历多少艰难啊！

没捉到蝴蝶，我已经满头大汗了，好不容易捉到一只不大的粉蝶，一不小心，又给它逃走了。我蹑手蹑脚地走近那只乒乓球大小的粉蝶，正待出手捕捉，一阵风吹来，不知是受了惊吓还是看见了我，它一忽儿飞走了，只留下了一小阵风。

我其实很怕蝴蝶，因为我小时候第一次见到这种小东西时，稀奇地看着它一扑，两扑，却没有得手。蝴蝶像是一群微型飞机，飞东飞西，搞得我晕头转向，又是一扑，却搞得分不清东南西北，一个趔趄，"扑通"一声就摔倒了，不知是蝴蝶大意还是我太大意，那只倒霉的蝴蝶被我压在了身体下面，严严实实地压成了肉酱，我那件衣服也宣告报废了。

话说"一朝被蛇咬，十年怕井绳"。到今天捉蝴蝶时我还是不敢徒手去捉，只是用网兜住，叫人来捉。我又发现一只蝴蝶，这是我见过的最大的一只粉蝶了，那微微透明的翅膀在轻轻颤动着，好似在发抖，翅翼上那黑色的"眼睛"静静地看着我，睁得大大的，就像我第一次见到蝴蝶时那种惊奇的眼神，而那黑却不是炭黑，中间带着一点儿淡淡的鹅黄，那"眼睛"的外面一圈，则是一丝丝的紫色，像是宋代瓷器上的兔毫，柔软而舒服，两边还有几点黑黑的斑点环绕着这个"眼睛"，如众星拱月一般。当我屏住呼吸靠近蝴蝶停的那丛花时，轻轻地同时又快速地把网给甩下去，似乎是那只大"眼睛"看见了我，它又拍拍翅膀飞走了，只留给我一丝依依不舍和一点儿无奈。谁让我动作太慢了呢！我又乱舞起网来，心想，这时要是有一只蝴蝶来就好了！我的心愿最终成了现实，在我把竿放下时，一只雪白的身影在网里挣扎着，我开始可怜起这个小东西——它玩得正欢时，莫名其妙便被一张见都没见过的东西给罩住了，你说冤不冤？

还有就是，我怕它身上的粉，总是弄得我痒痒的，我便把它给放了。或许是我的好心给我带来了好运气，我一口气捉住了七八只粉蝶。这公园里好像只有粉蝶了。这时，突然一只巴掌大的黑色凤蝶停在我头顶的树枝上，我正想网住它，可总是差那么一两厘米，它似乎是计算好了我网不到它，就停在那儿不动了。我也就只好停了下来，细睹它的芳容，只见它那两片巨大的翅翼，底色炭黑，停在枝干上，几乎看不出来，而翅上还有黄色的斑点，像是一个富人身上戴满了纯金的首饰。在金色旁边有着一圈蓝，蓝得那么晶莹、那么美丽，像是一圈蓝宝石。它在蝴蝶王国中一定是个美男子。当风吹来时，翅膀微微抖动着，纤弱极了，当它扇动翅膀时，是那么优美，我看着它扑腾着翅膀，飞啊飞，飞到那花丛中，无处寻找了，这只蝶似乎成了花，成了一朵想飞、终于飞起来的花。

夏日至，量瘦肥

今天，是夏天真正来到的日子，早上的一场雨仿佛说明了夏天是个多雨的季节。在去国学馆的路上，我心里想，这下我最喜欢的水果——杨梅要泡汤了。这让我对这个夏天的第一印象就不太好。我带着猕猴桃、白枇杷等水果走在路上，怀里还揣了个鸡蛋。鸡蛋有什么用？该不会是拿来吃的吧？

我正胡思乱想着，走到国学馆门口，猛然看见两个箩筐和一杆一人长的大秤，真奇怪，怎么会有这么多平时不太见到的东西呀！

到了下午，我才知道这东西是用来称人的。称人？我瞬间蒙了，这得多大的力气才能把人称起来啊？莫不是要让我们动脑子，学曹冲称象？

我的疑惑还没解，大瓜前来助阵了。哦，有了大瓜，事儿就好办了。要不然，就凭我们，恐怕只能抬起空箩筐来。

称的时候，大家都不敢第一个冲上去，生怕自己太重，把这个竹篾编织的箩筐给压出一个大洞来。还是丁妈一马当先地坐了进去，好不容易扛起来了，扁担似乎有点嫌丁妈太重了，"嘎吱嘎吱"地响了起来，丁妈后怕了，开始像小孩子一样叫了起来，大瓜和保安伯伯赶紧将箩筐放下来，丁妈好不容易安稳着陆，却发现了一个更大的问题——屁股太大，被箩筐卡住，出不来了。这下子丁妈急坏了，一迭声地喊着让大伙儿将她拉出来。我们一群虾兵蟹将手忙脚乱地扑上前去，扯住她。终于，丁妈爬出了箩筐，得到了一个自己都不敢想的数字——106斤，听说丁妈好久没有这么瘦过了。

后来进去称的人都十分顺利。轮到三姐了，三姐死活不肯进去，生怕自己这个吃货还没称，就把箩筐给挤坏了。但到底没能挡住我们大伙儿的推搡，她别别扭扭地站在里面，不敢太往下蹲。出乎意料，三姐竟然连一百斤都不到！这么能吃，都吃到哪儿去了？

啊，到我了！保安伯伯和大瓜一起用力，把我像挑货物似的抬起来，我坐在里面，感觉箩筐晃来晃去的，跟荡秋千似的，轻飘飘的，十分舒服。我真想多坐一会儿，如果能被抬着走来走去，那感觉一定比坐轿子还有趣吧。可惜，只晃了几晃，我就被连人带箩筐一起放下来了。因为被称的感觉太美妙，我居然没能记住自己有多重。

立夏称人，真有意思！夏天来了，因为天气太过炎热而吃不下什么东西，所以要称称体重，以便随时掌握健康状况。没想到古人的养生之道那么好玩儿。

久雨

~~~

好久没下雨了。

空气中弥漫着泥土的干燥气息，人们都挥了挥手，仿佛是想扇走眼前那恼人的尘土，那尘土从空气中进入鼻腔，好不舒服。

雨是昨夜来的。早上醒来，湿润的风带着潮气，从窗口鱼贯而入。风把雨的信息带入千家万户。一打开门，哈！雨在等着我。从房内走出，微凉的雨丝飘飘洒洒地落在身上，仿佛净化了身心。久违的雨在身旁舞着，奇妙的感觉从心中滋生，欢悦也从心底跳出，跃进了那朦胧的雨中，仿佛在雨中进行的一场欢迎会。

你是从很远的地方来的吧！

那些不听话的尘土，仿佛是一个个孩子，在雨的拥抱与安慰下，慢吞吞地回家。远处的山在雨的渲染下成了迷幻的黛色，仿佛仙境般缥缈。四周如同黑夜般宁静，只有雨滴仿

佛轻轻击打着琴键，演奏出人间难得几回闻的仙乐。时隐时现的、婉转的鸟鸣，也不时啁啾几声……不多时，鸟鸣停了，仿佛是盛大的音乐震撼住了鸟儿们，在太阳缓缓升起的时候，我耳边仿佛没有了声音。

　　我在雨中站着，静静地，静静地……

秋香

林荫路上，我们跑着、跳着，一阵阵风拂过，带来浓浓的落叶的味道。

公园地上铺满了干枯的树叶与树枝，还有松树上坠落的松果，这些都是烧烤的好材料。我们蹲下来，把松针一大把一大把地抓起来装进袋子。在一阵欢呼声中，又一个袋子被装满了。我们还捡了许多大大小小的松果。踢踢踏踏的脚步声中，我们回到炒豆子、烤红薯的锅前。

在失败中，我们学会了如何生火：火苗一次又一次熄灭，快绝望时，我们没有沮丧，仍低头翻着木柴，一把把松针从手中落下，使即将熄灭的火焰又蹿了上来，也让炉子重新开始冒出灰蒙蒙的烟，而越来越旺的火更增加了我们的信心。在一阵阵轻烟中，一次次生火，一次次欢呼，豆子从锅中蹦出来，空气中弥漫着阵阵豆香，有的豆子炸开了花，发出好听的哔哔啵啵的声音。在炉子里，一个个红薯被烤得跟黑炭

没啥区别，扒拉出来一瓣开才知道已经熟透，用力一咬，却被烫得哇哇大叫，急忙吐出来，又吃进去，再吐出来。那香味，十里外也能闻到。在松果中烤熟的红薯，有一股浓浓的松香味，连不爱吃的人闻到了，也会垂涎三尺，那些本来就爱吃的，就更不用说了，肯定巴不得一口塞进嘴里。

红薯，香甜软糯。豆子呢，又硬又脆。红薯有一股松果的味道，那是忽上忽下的火苗把松果的松香融入了香气扑鼻的红薯中，如果没有我们费老大劲儿找来的松果，或许就没有如此美味的烤红薯；锅里的豆子，虽然硬却极脆，有些人馋得直接扔进了嘴里，还有些人把豆子抛向天空，却被豆子击得哇哇大叫。

一声声欢笑中，豆子继续在锅中欢腾舞蹈，又一个红薯出了炉……

羊膘·人膘

⁓

炙热的夏季，让所有动物都精疲力竭，连平日里活蹦乱跳的羊羔也显出一副无精打采的样子。秋天的到来，竟焕发了它们的勃勃生机。这生机在众多动物之间传递着，牛羊吃足了草，在无边的草场上，被夕阳衬托着，如同一个个金灿灿的肉球。

老北京的"贴秋膘"便是烤肉，话说在日本，烤羊肉被称为"成吉思汗烤肉"。这个周末，我们当然没法立即飞去日本吃"一代天骄"牌的烤肉，也去不了苍茫的大草原大快朵颐，只在书院大门口，摆上一溜儿"烤肉摊"，开始我们的"贴秋膘"之旅。

一出门，便有浓厚的灰烟铺天盖地般涌来，与钱塘江大潮颇有相似之处，其中夹杂着无与伦比的香味。羊肉？牛肉？金针菇？谁知道那一群吃货在商议着什么。老远被吸引过来的不少人，只得看着满嘴流油的我们，再默默地把汹涌而来的口水咽回去，那样子，巴不得上来便抢。平日里绅士淑女的风度早已荡然无存。

我在人群里穿梭，突觉有一股奇异的香味在鼻前犹豫着、踌躇着，只是小心地试探，当它决定真正进入我的鼻腔时，脑子里仿佛是"嗖"的一声，顿时天开地朗。我任它在身体里四处游荡、冲撞，从鼻腔抵达心中，一路留下诱人香气的种子，并迅速发芽、长叶、幻化成丝丝缕缕的藤蔓，在体内盘旋着、缭绕着、吸引着我，引导着我去找寻飘着诱人香味的源头。可那奇特而美妙的味道却突然像一场阵雨般离开了，我用力地吸着，盼望再闻到那令人着迷的气息，可它却似一个行色匆匆的人，匆匆地来，又匆匆地走了。我干脆闭上眼睛，凭着心中的一点儿存迹，来到了烤架前，我真不敢相信那香味儿就是这满是血丝的肉在小小的丝网之上烧烤时散发出来的。金属烤盘中的它，满是血色，软如海绵，甚至有点令人作呕。可一旦将这肥瘦相间的肉串搁在炭火上，那颜色的变化就如同是魔术师手中的帽子一般变化无穷，先是一层油令这鲜红的肉串成了一个油光闪闪的糖葫芦，接着，一滴滴油在焦炭上成了缕缕白色的烟气，融合着肉的醇香，还加入了一点点焦炭的味道——大自然中那特有的树木的美妙气味。它那叫人难受的红成了一抹胭脂红，更多的油像雨天屋檐滴落的水一般源源不断，于是，下面的木炭如同人被鞭子狠狠抽打似的，发出"嗞嗞"声，像是人们痛苦的挣扎，一股股惹人厌的灰烟开始从炉中升起，呛得人眼泪鼻涕一大把一大把的，看来那黑乎乎的炭也不是好惹的。烟熏火燎中，肉成棕色的了，像一块块干燥的树皮，当然比树皮有滋有味多了。此时，粗粗一闻，肉发出的香气与平日里的红烧肉差不多，细细品之，却比红烧肉多了一份特有的香味，像是火燎一般的伤痛让这肉有了顿悟之感，仿佛在烈火中炼就了项羽破釜沉舟，韩信背水一战的意志。怪不得有人说它是骁勇善战的蒙古兵所食之物，难不成当年成吉思汗率领的蒙古军战无不胜都是拜这些烤肉所赐？

待到这肉烤到微焦，香气便是无与伦比的了，星星点点的黑斑不仅没有成为它的缺点，反而让它更加香浓，美味可口。当舌尖触及心仪已久的烤肉，当它在齿间被细细咀嚼时，它的味道不像是剑一般直直地插入，而是如同绳子一般缓缓地、柔柔地、慢慢地把你给打败，这感觉，恰似一杯慢慢上劲儿的酒，在体内久久地徘徊，使人久久地沉醉。

那个橙色的背影

秋风萧瑟，满地的落叶一望无际，只见一个橙黄色的身影在枯黄的梧桐树林中，时隐时现。谁也不曾注意，这原本杂乱的铺满落叶的马路，是如何重新变得一干二净、纤尘不染的。

他不愿引人注目，也没几个人仔细端详过他橙色帽子下苍老的脸。他脸上皱纹很深，那天，我偶然步行回家，不小心随手扔了一张卫生纸，在一旁休息的环卫工人站起来，他的面庞怎么看也不像一个四五十岁的人，饱经风霜的脸似是70岁的老爷爷才拥有的，然而他如鸣钟般的声音，叫我知道了这是一个中老年人。他弯下腰，捡起纸巾，见我面有愧色，严肃的脸上浮现出了一丝和蔼的神情，像看待自己的孩子一样告诫我说："以后可不要再随地乱扔垃圾了啊！"

几个星期以后，我再次遇见了这位和蔼的环卫工人，这次他脸上的皱纹仿佛又深了许多，好似一下子老了5岁。他熟练的动作里生出些许迟钝，有些力不从心。那天，风很大，他却满头大汗。他边走边扫，走的速度比我快些，一步一扫，像一台专门为扫地而设计的机器。尽管他的身子看起来有些沉重，但一切还是那么有条不紊地进行着。他并没有要停下来偷懒的样子，混沌的眼中闪烁着一股坚定的信念，像要努力地战胜什么，一定要把这条一望无际的漫漫长街扫完，一步一步，一扫帚一扫帚，时间一分一秒过去，风一阵接一阵地刮，有些叶子滚动着、翻转着胡乱跑窜，他常常要伸长身躯，将这些调皮捣蛋的树叶拢回来。我边走边看他扫地，过了一个转角处，他与我背道而行了。我不由得回头去找寻他橙黄色的身影，他与远方的红日融为一体，微驼的背显得更加苍茫。

不知怎的，这天晚上，小区竟然断电了。妈妈在客厅翻出久违了的烛台，点了根蜡烛来照明，小小的烛光照亮着整个屋子，一寸寸的蜡好似人在流泪。如果这样点到天亮，它早已灰飞烟灭了吧？我忽然想起白天见到的那位环卫工人，他苍老的橙色的背影静静地浮现在烛光里。是啊，他们这些人，不就像蜡烛一样吗？默默地用自己的生命，带给这个世界美好与光明，哪怕这光明很微弱，而这美好常常被忽略。

寒露之际

秋高气爽，鸿雁来宾，清晨的露水从枝叶上落下，形成一层层薄霜，在草尖儿上形成一朵朵冰花，绽放出最美丽的姿态。

十月八日，寒露已至。

早晨的风变得阴冷，空气中弥漫着雨水的清新。晨起，漫步在小区的幽径上，砖上有点滑，一不小心便会与大地来个亲密接触。什么都是凉凉的，风凉，雨凉，树凉，人也凉凉。秋风送来的信息带给了梧桐，梧桐的叶子纷纷扬扬落下来，一拨又一拨。幸而秋风也顺带把太阳提供的焦热一扫而光，所以没有绿荫遮挡的人们也便作罢了。

夏天的日太炎，冬天的雪太冷，唯有秋天的风是最舒适的。

我喜欢清晨空气中露水的气息，她从我的笔尖偷偷地蹿入，一接触我的皮肤，她便开始放肆了，她在我的身体里蹦着、跳着。我喜欢这个秋日早晨的小精灵，她深藏在我的体内，我仿佛成了寒露的贵客，参加了清凉之地举行的一场最盛大的宴会。我的全身都被这个调皮的小精灵带到了辉煌的秋天里。我沐浴在秋天的风中，那真是难以言述的舒适。

　　当我从寒露的盛宴中恍恍惚惚地回到现实，秋风令我感到了一丝寒意，我知道是冬伯伯在催促着秋姑娘，但我知道秋姑娘有一出好戏还没有上演呢，那得等到她施展魔力，把晶莹的露珠变成白霜的霜降之时。

春花秋月初冬了

"春有百花秋有月，夏有凉风冬有雪。若无闲事挂心头，便是人间好时节。"这首诗的前两句描绘了四时之景，景物各有不同。后两句却写出了若是心无牵绊，无论什么时节都是好时节的悠闲。此时，满目的萧瑟印证了初冬的到来。

走进绣湖公园，最引人注目的当然要算红枫了。夏天翠绿色的叶子已然变成了鲜红。一阵风吹来，红枫变得摇摇摆摆，似一个人喝醉了酒，正摇摇晃晃地回家。不论是谁看了，都会觉得这红枫在一片萧瑟中是那么显眼，那么激情四射。

大安寺塔边的银杏早已黄透，一片片的叶子如同小扇子一样小巧玲珑，又好似漫天飞舞的黄蝶那般美丽动人。仔细看，不同的叶子有不同的风韵。你看，这片叶子安安静静地躺着，似一位正在睡觉的家伙；那一片直立着，像一个活泼可爱的孩子，在草坪上玩笑嬉戏；还有上面布满纹路的，如同饱经风霜的老人。叶子与人一样，没有哪一片叶子没有自己的个性。走在银杏林中，细数着一片片银杏的黄叶，勾起了我许多回忆，有快乐，也有悲伤。我曾经把一片银杏叶夹进一本书中，五年后的今天，我又翻到了那片变成标签的银杏叶，它虽是那么小，又是那么脆弱，可曾经带给我多少美好？我正陷入翩翩的往事，一片金黄的银杏叶慢慢悠悠地落到一株生机勃勃的树上。抬头一看，熟悉的身影映入眼帘，只见它的枝条上面结满了一颗颗毫不起眼的淡绿色花苞，这是梅花。去年，我和妈妈便在这儿折下一枝美丽多姿的梅花。此时，这梅虽无开花时那么惊艳，却也别具一格，让人看着十分舒畅。

绣湖随季节而变，春夏秋冬，年年四季，带着我的快乐与悲伤。往事历历，永远也回忆不尽。一看到这些熟悉又陌生的花草树木，我脑海中就情不自禁地浮现出当年的种种。此情此景，似乎分外贴切李煜那阕词中的两句："春花秋月何时了，往事知多少？"

是啊，初冬了，又一片泛黄的树叶掉落在地上，隆冬到来时，大地将进入沉沉的冬眠。又一年春花秋月过去了，我的往事，是更多，还是更少了呢？

腊八·粥意

当浓香在人群中飘溢，像一个炸弹在人群中爆开，难以言述的奇香，缠缠绵绵，像要把人的心都拢进这不大的锅里似的；像锁链似的，把所有人的脚都牢牢地固定在了那里；像阳春三月吹面而来的清丽的风似的，像七月浓郁的艳阳、九月树梢间陆陆续续的枯叶、十二月洁白无瑕的冬雪似的，混合了四季的各种奇妙滋味，几近完美。

在所有眼睛直勾勾地注视下，一粒粒膨胀得如指甲盖般大小的赤豆，成了屈指可数的宝物。所有的舌头都渴望着尝到腊月之美味。第一口下肚，那感觉是润滑的，像水一样在顷刻间融化弥漫，舌尖上停留的短暂一秒，让人无比回味，未曾食用前四处飘荡的诱人的气味就在那一秒钟迸发出来，展示出无限的力量——它在锅中等了几个小时，怎会不争先恐后呢？这千钧一发之际，它是如此迫不及待，盼望着所有感觉，都让人铭记于心，于是便在每处都留下它的踪迹，让奇异的粮香在身体里扩张，这滋味，真是无可比拟。

第一口就让我心头为之一震的腊八粥，第二口下咽时，生出许多不舍，在口中停留良久，才在心的留恋下缓缓入肚，此时身上已全无冬日的寒冷，留下的，唯有腊八粥暖暖的、香香的、甜甜的、糯糯的，说不清、道不明的来自大地的美意。

2018 年第一场雪

又是一夜的清寒。早上起来，窗外已是一片银装素裹，只见得香樟在风中摇着，独花坛一角，葱绿一片，在白雪皑皑之间分外醒目。天地之间的人呀，也就只是那么一点儿。

刚到湖畔，一个雪球便砸碎了冬的寂静。刚飞过一只小鸟的天空，仿佛也被大小不一的雪覆盖得一片茫茫。身边，什么冰呀、雪呀，散得满天都是，一会儿上去，一会儿又下来。欢闹把冬天的儿子引来了，天空中又下起了漫漫的白雪，仿佛为这狂欢助兴。思绪正翩然，又是一个雪球横空而出，热腾的场面暂时停了下来，那是一个"巨无霸"，到了半空裂成一大堆冰凉的小碎片，撒得我们满头满身都是。我可不是好惹的，立刻回击了一系列霰弹，射向罪魁祸首——金弋洋，他身上落满冰点，被打得落花流水，跑了。

我正得意着，想偷闲再四处赏赏雪景，不料，一阵密集的冰雨劈头而来，大把大把的冰如同机关枪一般。混战中，已看不清是谁也向金弋洋发起了进攻。他可不是铁做的，这轮打下来，哪里还挡得住，只得灰溜溜地退回他的老巢去了。我一看他那狼狈样儿，忍俊不禁，此时恰好再来个"冰上加雪"，赶紧用五指铲了一把雪，将他的脸拍得通红。他哇哇大叫，我朗声大笑，可是，数不过三秒，我便也成了哇哇大叫的金弋洋，有道是"螳螂捕蝉，黄雀在后"，不知谁在背后泼了我一身雪，我这才觉着衣服已透湿冰凉了。

天公有成人之美，看不下去这场"战争"，"鸣雨收兵"了。

窗外的雨下着，地上的雪化着。天空中，依旧不时地有白雪飘飘，虽不如毛泽东在《沁园春·雪》中写的"千里冰封，万里雪飘"，看屋顶，却也有十来厘米厚了吧？晨起出门，一脚下去，半只陷在雪里出不来，那感觉像踩到一块泥，可是又不像泥那么软，那么泥泞，走上去只听见沙沙沙的声音，像风掠过树梢，像小兔子走过树林，像蚕在吃桑叶，声音甚是好听。当你不动的时候，洁白的雪又会发出一些像小泡泡破碎时的"啪啪"声，像雨打在地上，像鸣沙在山间流动，那感觉是独一无二的、是变幻无穷的，更是丰富多彩的。

我正想出去再看一看洁白无瑕的雪，一个雪球蹿至门口，砸向了我，我正张大的嘴里，瞬间塞满了冰凉，比吃冰激凌还凉。虽说我喜欢雪，可也没想过要将它含在嘴里来"呵护"啊？我不假思索便冲出大门。一个个雪球如同连珠炮似的，在空中划过一道道优美的弧线，命中"鸡蛋"的头，可是"鸡蛋"也给我来了一记"重球"，虽然不大，可是痛。我不甘示弱，身边雪多得是，向着"鸡蛋"勇敢进攻，把他的"鸡蛋壳"砸碎。

天晴了，一把把雪，在蔚蓝色的天空中，显得格外引人注目，像一串串珍珠，像一支支箭，像一道道彩虹，像一阵阵流星雨。鸡蛋终于"倒地不起"，"滚"回书吧里去了。"啪"，又听见雪球在我身上开了花的声音，衣服像被鼓槌敲击的鼓面，微微震颤。我用手一摸，唉，更湿了。尤其是沾在上面的小冰点，慢慢化作水渍。可是，我还不能像王子由那样兴尽而返，因为，这场难得的雪战让我一再沉迷眷恋。掸掸衣服上的雪水，迈开步伐，找准目标，我依旧兴致勃勃地投入到了"战斗"之中。

当我们的"战斗"终于彻底结束，回到书吧大厅时，夫子像前的供桌上摆着一棵和我们一样湿淋淋的青菜，上面还裹着一堆冰晶，仿佛这菜跑了多远的路，满头满身都是汗。透明晶亮的冰簇拥在绿叶上，折射着一点一点的翠，如同一块翡翠。

我友"鸡蛋"

···~~···

"鸡蛋"因满地打滚，动辄躺倒而得名。

他明明长了个转速比光速还快的神大脑，却可惜，这脑袋瓜子的精力早在那些恼人的题目上透支殆尽了，剩下的便成了这个敲下去当当响的"呆瓜子"。所以无论他干什么，都如同被冬雪冻住一般慢半拍，这颇像是挤牙膏，慢慢地挤出来，倒还不赖。就拿写文章来说吧，谁也比不上他那慢——动——作，谁也比不上他那天马行空的浪漫想象。总之，他慢得心安理得，慢得颇有成效。

我与他是朋友，更是死党，我对他是了如指掌。他觉得自己身上有一层与灰尘隔绝的透明护盾，在地上蹲着、趴着、躺着，倒像真把大地当成自己的母亲，躺在地上，像躺在自家的床上一般舒适，趴得是那么安详，根本不管旁人用惊异的眼神望着他，他自顾自地为所欲为。我们一干外出游学的小伙伴也都习以为常了，要么从他身边挪过去，要么直接从他的腰际跨过去，他不尴不尬，不紧不慢，不动声色，也不动一胳膊一腿，一如既往地沉醉在自己的幻想天地，仿佛他想象中的护盾已经把整个喧闹的世界间隔开，只剩下他的小宇宙。

话说以卵击石，不自量力。此"蛋"头却堪比金刚石。他从上二年级时便喜欢顶牛，再坚硬的头，在他面前也无济于事。我看他那嚣张的气焰，心里不甘示弱，总是虎视眈眈地盯着他自称拥有铁头功的椭圆脑袋，想着终有一天要让他拜服在我的脑袋之下。他长了一副弱不禁风的身躯，谁知这身体如同扎根在大地里一般，将汲取的力量源源不断地从脚上传到头上，仿佛一瞬间，他小小的身体便拥有了来自大地深处的惊人力量，并终于通过头部迸发出来，那力气是所有人都无法匹敌的。在那种时候，"鸡蛋"仿佛不再是一个人，而是一棵全身长满了根须的大榕树，每一条气根都深深扎进泥土，令他像树一般无法移动。若是你的脑袋长时间与他的静止抗衡，便会在头部扩散开一丝丝难以忍受的痛苦，像一根根钢针扎向你，令你的意志慢慢瓦解，最后不得不甘拜下风，成为他的手下败将。当然，我是一个好胜的人，对付他那种不会拐弯，只会横行的铁脑袋，我自有妙计——以虚对实，以柔克刚，顺势而为，避开锋芒。在他发力之时，看他像头小牛一样直直地冲过来，我顺势只一闪，他便自乱了阵脚，乘着惯性，呼啸而过，在我身边徒留一阵风，然后像一架失控的飞机，一只迷路的小鸟，到处乱撞，直冲到沙发边或墙面上才停下步来。他缓慢地转过身子，带着一丝阴险而又毫无杀伤力的笑回到我跟前，无力地提起小拳头捶我，我知道这时候他已从大象变成了蚂蚁，一推便踉跄几步，倒到一旁去了。真是令人哭笑不得啊。

这便是鸡蛋，一个可爱的滴溜溜转的鸡蛋——傅子城。

剑战记

当那位身披浙江队队服的老师走进课堂时，我就已经察觉到了这堂体育课的不同寻常，也感受到老师身上那与众不同的气势。

果然，这节课告别了绿茵场上的热辣阳光，我们来到凉爽的空地之上。继而，老师亮出三把闪着寒光的长剑，让所有男同学的眼睛为之一亮！看，那剑仿佛是一位久经沙场的战士，剑体上透着斑斑点点的锈迹，像是一张名片，展示着它所经历过的辉煌。或许那是一把不同寻常的剑，它不愿让我们以错误的方式来侮辱它，我一拿到手上，这剑竟如同一个不听话的孩子，从我手中滑脱。别人都在期待着试试呢，我不得不把那威风凛凛的剑还到教练手中。

接下来教练让我们欣赏令人打寒战的剑锋，让我们学会如何去控制它。有些同学不懂剑，在那儿叽叽喳喳地讨论着，不过更多人认真地倾听、模仿、学习剑术，在专心地练习着。

丁字步、重剑、花剑……在此之前，我们从未听说。一个个看似不起眼的配件，整合到一起是多么强大。教练把剑耍得风生水起，和我们在电视上看到的没什么区别。

我今天算是倒了大霉，没被选上战场与同学们较量。看，同学们像一个个战士般穿上那钢盔护甲，帅气极了！那本是大人戴的护盔，戴在他们头上显得十分突兀，有同学还说像一个马蜂窝！在同学们的说说笑笑之中，一场激烈的打斗开始了。

话说前几场打得都不够精彩，没有击剑的样子，有的甚至是3:0便被淘汰了，直到这一场，所有人都看得津津有味。

这是何京桦与黄华的战斗，他们好似真正的战士在战场上拼搏，可能是何京桦近视看不清，才在前期落下了个3:0，但老师看到他俩打得那么好，又让他们击了四剑，结果何京桦神了，竟反败为胜！

别了，那一阵风

随着一声清脆的枪响，在众人的紧张与恍惚之下，他已如离弦之箭、脱缰之马般冲出去，化作一道光影，在赛道上飞驰……

他是我们班的体育健将，所有人都追赶不上他，很多赛场上的选手对他望而生畏。长期的训练把他晒成个黑人，黝黑发亮的皮肤在阳光的照射下发出微微的光芒。他是红色赛道上的一大亮点，也是我们班的骄傲。我口中的"骆鸡腿"即是这位体坛健将——骆鑫玮。

他平日的言语中仿佛带着一丝傲气，如游侠一般，侠肝义胆，说话算话。再告诉你啊，他是乐团中唯一一个吹长笛的男生！

如今他仿佛失踪一般离开了我们班。

想必他现在已经在杭州了，不知他是否怀念义乌这个小城市里的铁哥们儿。来不及说声再见，你为何就此走了？你成绩虽不算好，可失去你，全班同学都深感遗憾，不知你是否希望与我们再相见？

　　骆鑫玮，你是我们眼前的一阵风，也永远是我们记忆里的一阵风。

瓜瓜记

这位老瓜瓜呀，在班上可谓混得风生水起，让那些所谓的大胆之徒闻风丧胆。他见义勇为，路见不平，拔刀相助。话说上次班上举行损人大会，他可是崭露头角。今天咱再来论论这个瓜瓜。

他呀，又瘦又高，可手臂不长，只能说是根"短黄瓜"。去年，这个瓜瓜脚下生风在湿淋淋的水泥地板上飞奔，那个得意呀，好像连博尔特也跑不过他似的。他在走廊上兴致勃勃与别人玩得有声有色。但是乐极生悲，他一个不留神，脚下的水仿佛成了油，瓜瓜如同那被人推过的不倒翁，东晃晃西摇摇，然后他的身躯仿佛有千斤一般重重地栽倒在了地上。他大声叫唤了起来。从此这瓜便是"缺牙瓜"了，严格来说还是一个"残疾人"。

他成绩很优秀，可是如果考砸了的话呢，呵呵，还是不方便在这公共场所说了，万一等会儿他龇牙咧嘴地要把我变成和他一样别致而独特的"缺牙瓜"，那我可就遭殃了。

他是我的好朋友——瓜瓜，也是全班代表人物——老班长。是谁呀？不说你也知道，他便是黄华呀，还好我没说太多，不然下课我就有"好瓜"吃了。

左天才，右疯子

他，在我心目中，是一个天才，在老师眼中，像暗夜里的北极星。他总是在疯子与天才的边界徘徊，当然我也差不多。话说天才即是疯子，疯子亦有可能是杰出的天才。

上一年级，我们在一言一语、你来我往中，成了最好的朋友，像是影子黏着了人，形影不离了。于是总有人暗中不停说我们的坏话，直至上六年级，依然如此。我和他，丝毫没有因为这些流言蜚语而相互疏远，我们"臭味相投"，我们我行我素。习性的高度相似，令我们成为莫逆之交，都爱好踢球，都不喜欢做作业，对同样的难题，要么一起解出，要么一起无可奈何。我对学习还算得上尽力为之，而他依着天真的性子，只是玩，往往在放学前的最后几分钟才奋笔疾书，然而，终究晚了点，常常被留下来补作业。

但他成绩是极好的，特别是数学。这多少令他成了其他同学的眼中钉，尤其是那些成绩也不差，又非常勤奋的家伙，他们心中不免有一些不服气。是啊，凭什么他可以谈笑之间使得难题灰飞烟灭？凭什么他吊儿郎当还能保证成绩名列前茅？

凭什么？我当然与别人的看法不同，更没有因考试成绩而与之产生隔阂。我一早便知晓他有天才的一面，他的懒，也许是他属于疯子的另一副面孔。

他的疯，还体现在疯狂地玩乐上面。每一次都非得闹翻了天才肯罢休。我这个别人眼中文质彬彬的"才子"，一遇见他，便也彻底"疯"了。两个疯子在一起，常常忘记了时间，也忘记了所有的人。

他是谁？他便是与我经常黏在一起的余天硕，雅号小白。天才的时候他是白衣天使，疯子的时候他是地狱恶魔。

飞哥

_____~_____

第一次与飞哥见面的情形已相当模糊了，只在脑子里略微幻出一丝身影，六年的时光，像是流水一样过去了，还能从何处打捞起清晰的记忆？

话说他日日用难以目睹、难以鼻闻的脚，踢黑白相间的球，在我们一群人当中"臭"名远扬。但他的脚却又有"兰花脚"之称，关键在于他踢球的方式，善于勾脚，反方向旋球，球在他脚下，仿佛被脚牢牢罩住了似的，一拨，一踢，飞起来了，带着一股子杀气，奔向远方。他整个人跑起来也是怒发冲冠的姿态，剧烈抖动的手脚，好似在顷刻之间便可以将他那健壮的身体化为虚无，只留下一片白色的影子在风中飘荡。

他的嘴好似他吹的那小号一般，随时都会把笑声喷涌出来，那排山倒海势不可当的声音，惹得人家都莫名其妙地也笑起来，一伙人笑岔气是他周身经常萦绕的氛围；仰天大笑是他自己独特的风格。总之，有他在，不管什么主题，什么事件，都能和笑扯上关系。眉开眼笑，哄堂大笑，狂笑不止，他的身体仿佛到处暗藏着笑意，一靠近他，便忍不住想笑。

另外，他的嗝更是难以言说，不经意间打的嗝会令众人笑疼肚子。这是因为他的嗝太过与众不同，不知从哪儿学来的独门绝技，一个嗝中还带着几个字，鬼知道他在说什么。

六年光阴花草间

一

一大早，我就迫不及待地奔向了花间乐园。

进门，见到了白兄和飞哥，同班六年的好伙伴。一行三人组成了个小队，来到滑草棚上，飞哥见不是真滑草，未免有些扫兴，当然看着别人尖叫着、大喊着，从几十米处飞滑而下时，他心中又难免有些小激动。我依旧打头阵，像一只飞鸟在五彩缤纷的垫子上翱翔，下边，余天硕紧跟着飞下来，我兴致勃勃看着其他同学吓得魂不附体，不禁哈哈大笑。当然我最期待的是白兄和飞哥在飞下来时的怪模样。

在各个同学从高处落下的狼狈相中，我看到了飞哥最奇特的姿态。那时他身着一身绿衣，在红蓝相衬下那么显眼。

他怒发冲冠，脸被太阳晒得如同秋天的苹果一般红艳，令人觉得这定是一个暴躁之人。他发出的喊声是旁人无法匹敌的，声音中带着几丝第一次滑草的激动，以及可能从高处突然滑落的恐惧。他的双脚跷得老高，好像特别听工作人员的话，可惜不知是不是坐姿不对，还是这座圈不行，他滑得竟然没有我远，他在道上便止了步，口中念念有词，当然带着遗憾了。

紧接着余天硕便下来了，他胖嘟嘟的脸在空中一抖一抖的，显得十分可爱，那个滑道好像懒得搭理他似的，早早便让他停了下来，不过瘾。于是我们三人合计了一下，决定用父母的票再滑一次。

二

话说体验完滑草的激情后，在老师的劝说下，我们决定向引人注目的火车站进发，可是火车已经如同泼出去的水一般，收不回来了，眼睁睁地看着它像一条巨大的千足虫，渐渐隐遁于大草坪，只留下一片片白烟，缓缓飘荡到空中，显得孤独而悠远。

我们未免感到扫兴，幸亏这火车不是高铁，二十分钟后，

它便会不请自来。趁这间隙，我们决定转移阵地，再觅他处去闹个天翻地覆。

将"邪恶"的目光投向儿童房，对那里面遮天蔽日、五彩缤纷的海洋球，我们早已垂涎三尺。三人如饿虎扑食一般冲进去，见已有几人在此处翻江倒海，更激发了我们狂野的本性，不顾一切与他们混战起来。不知怎的，骆子健成了众人进攻的首要目标。我玩了五分钟，因为腿有一些酸胀，在旁边躺了一会儿，闭眼时，常常有流弹飞到我的身上，足以想象当时交战有多么激烈。当我睁开眼睛的刹那间，发现有人故意将堆积的海洋球向我推来，排山倒海一般，我慌不择路，竟又躺回了海洋球堆中，结果遭受了球埋的刑法。

终于我忍不住恼羞成怒，正打算发起新一轮猛攻，却听有人一声大叫：火车来了。所有人都以迅雷不及掩耳之势穿上鞋冲向了火车，我自然不甘落后，飞也似的冲了出去。

三

唉，身边传来一声叹息，原来是黄瓜在抱怨，火车是蒸汽机的，比骆子健跑得还慢。一开始看着外表还行，可谁知中看不中用，速度如同老牛，慢慢悠悠地驶向大草坪，我并不抱怨，因我早已乘坐过这田间火车，且待我跷起二郎腿，优哉游哉地欣赏沿途的风景吧。

阳光明媚，金色的光辉下，五颜六色的花朵展现出更为明媚的色彩，阳光牵引着每一片花瓣，令人应接不暇，令人觉得是那么虚幻，又那么真实。微风拂过，花儿如同女子一般纤弱，柔弱得好似经不起一丝风吹雨打，可我知晓它们是顽强的，默默地在我们的脚下绽放出属于它自己的微小的美。

转眼已经是秋天了。看着同样静默地沉醉在花草间的伙伴们，六年的光阴如流水一去不复返，他们是否也在回味着属于我们的过往？我们的小学时光，如此漫长又短暂的小学时光，终于要走到尽头了。

心中免不了一阵阵感伤。眼前花草更为绚烂了，仿佛为了安慰我们怅然若失的心。

午饭是香喷喷的烧烤。吃饱喝足，人软绵绵的。阳光渐渐萧瑟下来，变得暗淡，凉意从裤腿爬上身体，开始向全身蔓延盘踞。我们呆呆地望着这片旷野，任时间缓缓地流淌着……

想当初我们正当年少，自由自在，心田像这花草一般，无边无涯。

我们第一次迈进小学的校门，欢声笑语，无论是喜相逢，还是充满无助与害怕，现在回想起来，都像一个美丽又遥远的梦。

第一次举手的尴尬，第一次和同学吵架，第一次考了满分，第一次在运动会上摔了个狗啃泥……同窗六年的我们，风风雨雨，在狭小又宽敞的教室里，经历了多少挫败与失落，温暖与幸福。需要多少偶然的机遇和必然的联结，才让我们走到一起来呢？

六年了，我们无时不在挥霍，又无时不在珍惜。恰同学少年，现在只剩最后半年了。这短暂的半年，如今握在手里，如此轻盈盈的，又如此沉甸甸的。

多像今日花草间的夕阳啊！

我们这一家

前几天父亲的手割伤了，那天恰逢母亲生日。父亲割伤了一条小动脉，看起来挺严重的，但他一直说着不痛不痛，或许是不想让生日时的母亲伤心。

往后几天，父亲的手都因为这小动脉的割伤而无法洗碗。母亲便接过了这些活儿。短短几天内，她的手变得更粗糙了。而这些，在今天之前，我全然没注意。

"你的手还没好吧，今天就我来洗，你去晒衣服。"母亲用平时照顾我的语调和父亲说，父亲却执意要洗碗。那时我正在悠闲地看书，只隐隐约约地听到他们在交谈，突然听到了"洗碗"一词，也忽然想起了父亲血流不止的手。听着他们为了"洗碗"一事而争论，我想，或许我也应该长大了，该为他们分担一点儿事了，我正想过去说：我来洗碗吧。妈妈已经冲上去，开始麻利地刷起碗来。我顿时感受到了母亲对这个家的爱，她的手已经因为日夜工作而变得苍老，一天天地浸在水中洗碗，更让她感觉有些劳累，可是因为她爱着我们，几乎承包了一切家务，在我以往根本不知情的情况下，默默地担起这个家的里里外外。她和父亲一起，细心地呵护着我，关心我，教育我，帮助我，让我健康幸福成长。我真的可以这样心安理得地只享用他们的付出而不给予回报吗？可是今天的母亲，已经又站在了水槽边，又担下了这次洗碗的任务，她当然可以让我来做的，但她没有，她对这个家的爱，让她不辞辛劳。

我的母亲，是她给予我生命，我本应该尊敬她、爱她，可是我对她的爱是那么渺小，就像孟郊所说，谁言寸草心，报得三春晖。1岁，我嗷嗷待哺，她给了我甘甜的乳汁；3岁，刚上幼儿园，是她拉着我稚嫩的小手，微笑着鼓励我，让我结识了第一个同伴；7岁，上小学，和幼儿园相比，如此繁多的作业，让我有些疲惫，她每天激励着我，陪伴着我，让我在小学六年中快乐地成长着。现在，我12岁了，她依然充满耐心地支持着我，在我遇到困难时，在我面对失败时，她是我最温暖的港湾，最强大的后盾。

她对我的爱，对这个家的爱，是难以言说的，我对她的爱意也时时在心中回荡。只是，我行动得太少，母亲又做得太多了。

　　这样想着，我默默站起身，哪怕还剩一个碗，我也想用
行动告诉她：妈妈，我爱你，我爱我们这个家。

物　语

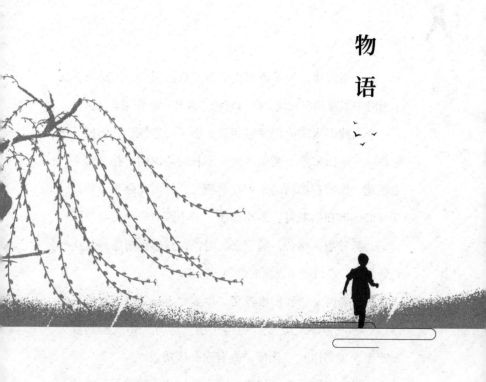

茶

茶，据古籍记载是神农氏尝百草后发现的，止是茶，救了当时中了毒的神农氏，所以它被当作药，称作茶。

今天我们喝的枸杞金银花茶，加了一些红枣、山楂、玉蝴蝶……泡出来的茶微黄，一阵阵甘甜清凉的香扑鼻而来，金银花、枸杞在沸腾的水中打着旋儿，好似在跳水上舞蹈，又好似一群在嬉戏打闹的小孩子，一个跟着一个。我呷了一口茶，味甘甜，微苦，喝下去的时候，只感到清凉从舌头一直到脚尖，夏日的炎暑顿时烟消云散了。

茶道老师又给我们推荐了"生姜红枣茶"，因为有一句俗话"冬吃萝卜夏吃姜，免得医生开药方"中就提到夏天要吃姜，姜可以止咳化痰，具有温补等功效。

古代有许多茶诗，如唐朝李商隐的"小鼎煎茶面曲池，白须道士竹间棋"，说的是在池边煎茶下棋。

我觉得只要是有茶的地方，一定是一个十分静雅的地方。

含羞草

풍一吹，它合上了，手一碰，它又合上了，这就是含羞草。

含羞草十分可爱，只要轻轻一摸，它便害羞地缩回去，像受了什么惊吓似的，又像是被施了魔法一样。可是，它那绿油油、纤细细的样子，无论是谁看了都会十分怜爱，想要轻轻地摸一下。它紧张地缩起全身的反应，真是让人惊叹植物世界的神奇。

我有一件关于含羞草的趣事。

过5岁生日时，妈妈送我含羞草，那盆草上波浪形的线条、碧绿碧绿的叶子，细直的茎，我到现在也没有忘记。当时的我还不知道含羞草是怎么回事，不小心碰到了它，它叶子便缩了回去。看了那叶子，我差点大哭起来，忙用手去掰。我并不知道只要不打扰它，过一会儿它就会重新舒展开来。我越是使劲，含羞草就越是合拢。见手掰不成，还决定用水灌，灌了许多水，盆里的泥土冲出好多，还是不起作用。我想我不能就此放弃！这可是妈妈送我的生日礼物，一定要将它救回来。于是，我又用了捂热、扇风等方法，可仍没有任何效果。我把自己折腾得精疲力竭，终于缴械投降。

第二天一早，我迫不及待地爬起来，看看含羞草是否能出现奇迹。呀，果然，我的含羞草的叶片张开了。我高兴得手舞足蹈，谁知又碰到了它弱小娇嫩的叶子，它立刻又合上了，我本来十分欢喜的心瞬间重新冷到了冰点。

这时，妈妈进来了，看到缩在一旁的含羞草，又看了看难过的我，一下子就明白了。她告诉了我含羞草的特性，我才终于知晓了它为什么叫含羞草。

最终，那盆含羞草因为我此前种种方法造成"伤势过重"死去了。我伤心地哭了一场。

这往事令我深深地记住了神奇又弱小的含羞草。

花之君子者

　　当我醒来时，睡意蒙眬间，忽然一股淡淡的香气从鼻腔缓缓进入身体，渐渐清晰起来，浓郁起来，在鼻腔中久久萦绕，徘徊不去，那香气，令人记忆深刻。

　　我循着香气找去，一看，几根稀稀疏疏的兰草，交错着生长在一个不大的青瓷花盆中，碧绿细长的叶子后面，衬托出一抹优雅洁白的身影，在眼前只一闪，又被那摇曳生姿的兰草遮挡。当我拨开那几缕惹人厌的草，那虚虚实实的白色在眼前呈现时，我不由得惊叹，那娇小柔美的兰花，如蜻蜓般亭亭立在梢头，感觉时时都会展翅飞去。一阵弱小的微风斜斜地吹来，那纤细的花茎在风中显得摇摇欲坠，好似一根被绷得紧紧的细弦，禁不住那重物的力量，似断非断地挂在那儿，可怜得令人连碰也不敢去碰。可这兰花却带着一丝韧劲，柔柔地挂在梢头，却又显出一丝沉稳，不会那么轻易落下，顽强的意志，令人难以想象，它虽是柔弱，可是它的骨子里却带着一股傲气，正可谓花之君子也。

兰花的幽香不如月季、玫瑰那样浓郁，也不似莲花经水濯洗后那般清淡，更不如桂花之香扑鼻而来。它是淡淡的，若有若无的，缥缈在人们身旁，冷不防钻进你的鼻腔，在你的心中留下一丝一缕的清香，那香虽是风一般地飘散而去，却在我们的心中烙下了君子的印证。

黄花满山

仿佛太阳在天上碰撞出了火花，独独落到了菜花身上，百花盛开的春天，它闪耀着别样的色彩，那明艳的金黄闪烁在一片片细细碎碎的花瓣上，每一片花瓣都像是漾着太阳的光辉。

这一抹色彩，哪怕在黑暗中，也能吸引着蝴蝶、蜜蜂的来到。它们总是那么耀眼、那么明媚、那么引人注目。山山水水间，因为有它的到来，焕发出勃勃的生机，使人看了，不由得欢欣鼓舞起来，多么繁盛的力量，多么富有朝气！

清风袅袅中，是什么在激情地荡漾着芬芳。菜花的香味，不是一朵两朵自成一家的孤立的香，而是如一潭春水里洒入了千点万点的墨，不断地化开，不断地融合，最终充满了整个春天，充满了整个你面前的世界。

细看一两朵油菜花，当然不足为奇，简单的构造让它比不上玫瑰、月季的妩媚，也没有牡丹、芍药的雍容，它没有重重叠叠的花瓣，没有浓墨重彩的色泽，它全部的全部，只是千篇一律的姿态，千篇一律的金黄，花朵儿渺小，叶子也朴素无华，但一切都分外真实，带着乡村最质朴的气息，伫立在自然的山山水水之间。

它们娇小，只能团聚在一起，以此求得最大的生存益处。它的优势，唯有多。因其多，才显示出繁茂盛大。

一望无际的花田带给人无穷的想象，壮观演绎着别样的情怀。在太阳的阴晴转变之下，在不同的春风吹拂之下，成千上万的花做出集体的舞姿，变换着队形，变化着表情。是的，它们并不只是灿灿的黄，它们的黄色有明有暗，有深有浅，有欢快有忧郁，有放纵也有收敛。

它们只是习惯于站在一起。它们整齐的高度，给人万众一心、奋发向上的精气神。

沐浴着春风，感受着菜花阵阵的香气，令人忍不住想要彻底地在这山水之间放飞自我。

不得不说，一朵两朵菜花的香味，是寡淡的，但是千朵万朵菜花集聚在一起的时候，它们又是浓郁的。这种浓郁不同于专门供人把玩的花朵那样妖娆迷人，它们是温暖的、纯朴的，是山野的产物，是随心所欲而非精心酿造的。处处皆是天然。

清风悠悠拂过山岗，漫山遍野的花田颤颤巍巍舞动起来，密密麻麻星罗棋布，山野因为它们而变得无比清逸俊朗。人群从远方奔来，"飞"入菜花无处寻了，蜂蝶更是沉醉其间，一天到晚忙碌个不停。

　　这是春天的盛宴！

榴实登科

"天下之奇树，九州之名果"，艳丽十分的榴花在五月争相开放。到了九月，一个个饱满的石榴大大咧咧地立在枝头，红彤彤的，十分惹人喜爱。五颜六色的外壳十分鲜艳，剥开壳，那一颗颗好似小乳牙的果实更是让人产生喜爱之情。

石榴大约在九月时果实成熟。未成熟时，那一个个小灯笼青里透黄，成熟以后，红彤彤、黄灿灿的表面十分光滑，微微的红好似女子脸上的红晕，美丽至极。有些长着斑斑点点的黑色，好似老人脸上的斑点，又好似夜空中那光闪闪的星星。轻轻剥开，石榴便裂开了，露出里面晶莹剔透的红宝石，好似一颗颗纯洁无瑕的心，在灯光的照射下，透过果实看见一颗淡黄色的籽，若隐若现。没有爆出来的石榴留在壳上，它们几个或十几、二十几个一堆簇拥而坐，十分可爱，好似冬天来了，石榴们怕冷，挤在一起取暖。

我取了一粒石榴果，那样子好似一颗红宝石在我手中一样，轻轻放入嘴里，"噗"的一声，果实裂开，一股甘甜清凉的滋味，从舌尖直沁肺腑，一粒，两粒，我不停地吃，陶醉其中，无论再过多少年，我都不会忘记这美妙的味道，那酸酸甜甜的滋味简直让人灵魂出窍。

这么美味的石榴，想必一定也是十分美丽的花结的果。果不其然，在今年五月中旬，我便在我们学校那片不大的植物园中，看见了火热开放的石榴花。我们校园里的石榴花是不结果实的观赏性的，比平时的石榴花更加娇艳、更加美丽，几重皱皱的花瓣好似一件没熨烫过的衣服，让这花更显出一种与其他花不同的独特之气。我没见过白色的石榴花，但我光想想便知道，那花一定纯洁无瑕，好似皑皑白雪一般让人心生喜爱。

关于这个题目为什么叫"榴实登科"，这词的来源也十分有趣，传说宋代时有人用石榴来算今年金榜题名的人数，先把石榴剥开，数一数有多少粒果，便是今年中榜的人数。因此石榴又作为多子多福、吉祥登科的象征。

今年不吃就要等明年了，我便又一把把地吃起甘甜的石榴果了。

水莲花尽市莲开

有诗云："满庭黄叶舞西风，天地方收肃杀功。"在金秋十月，芙蓉傲然开放，独冠群芳。

绣湖边，一朵朵芙蓉花高立枝头，傍水而开，蔚蓝色的天与水中艳红的花相衬，甚是美丽。从对面看，一色翠绿中点缀着几点胭脂似的粉红，而水中的则微微抖动，正如王安石所说："正似美人初醉著，强抬青镜欲妆慵。"近看，这芙蓉又好似一位君子，高高地立在枝头上，有的含苞待放，有的半开半合好似一个害羞的小姑娘，有些则大大咧咧地绽放，那层层叠叠的叶片像一个爆炸头一样向四面放开，丝毫不加掩饰地向大家展现自己的芳华，像一个大方的君子。

芙蓉花艳丽，香味也不亚于那一丛丛的桂花。一朵清香扑鼻，五朵则满室浓香，要比赛哪种花最香，前三名之内没有它就怪了。不论是谁，都不会想到花苞只有大拇指这么点大，竟可以开出如此大红大紫、香飘十里的芙蓉花。

不过这芙蓉花虽美且气味香，有一点美中不足的就是不耐看，因为这烦琐的花瓣上有布满皱纹一样的花脉，一条条纵横交错，好似一个老人，而且它的花期极短，最长的也不过两三天，所以一点儿都不适合摘回家插进花瓶里，只能种在大块的土地上。

据说芙蓉花可以入药。于是我尝了尝，发现这花瓣有一股辛辣的味道，而这辛辣中又有着甘甜的滋味，从舌尖直沁肺腑，让人的心一下子就平静下来。可是尝了一会儿又觉得淡而无味，只不过感到口中有些凉爽，好似吃了几粒薄荷糖一样。又到后来，口中就满是甘甜，好似在吃一种会变味道的糖一样。这天然的糖真是好看又好吃。

我9岁那年，仔细观察过芙蓉花一天的变化，那是一种很少见的一日三变色的花。早上是白色的，中午由白变为淡淡的粉红，而到了阳光最强烈的一两点钟，又变成了鲜艳的大红，非常引人注目，可是这奇观，每朵花最多只能呈现两次，真是太遗憾了。我外公家院子中也种芙蓉花，秋天开花时那才叫香，整个屋子无不沉浸在这浓郁的芙蓉花香之中。那些天外公每天都要摘几朵下来给家中添点美丽的景色，所以我也常常折花，发现这茎的皮很有韧性，中心有一股香甜的甘蔗味，真是惹人喜爱。

夏日的水芙蓉刚刚凋零，更鲜艳的木芙蓉悄然开放，不惧风霜，傲然站立在高高的枝头。

大夫栾

据说栾树十月如春，所以在古代才被作为大夫坟头之树。

公园里，栾树的蒴果正如火如荼地摇曳在风中。

从远处看，一棵棵栾树浓妆艳抹，仿佛要赶在最后的小阳春里与百果争艳，与秋叶媲美。

风儿拂过，栾树似一百个醉酒的诗人在树下吟咏，又若一百名花枝招展的少女在枝头展现她们俏丽的身姿。

如火般艳丽的纯红的蒴果，率先在众人的眼前热情绽放。比红灯笼还娇艳，比铃铛还清脆，明晃晃地挂在枝头，轻轻地晃动着，令人不敢去触碰，生怕她过于热情洋溢，将火焰烧上你的手指、你的全身。

紧接着的粉红，有如少女般展现了她的羞涩，在叶的衬映下，粉嫩无比令人爱怜地点缀在枝头，像是女子脸上的一抹胭脂。她如此纤弱，好像轻轻一弹，那由一层薄薄的外壳包裹着的蒴果就会因此而落地。

还有淡淡的朴素的黄色，在纯红和粉红面前显得其貌不扬，却叫人想到皇帝衣服上的龙，透着一股子淡定的华美，有一种柔中带刚的高贵。

栾树的蒴果像花，却比花更能展现出无与伦比的风华，比花更引人注目。

虽是十月小阳春，秋风中翻飞的破败的叶片不在少数，所以这高耸成群的栾树更显得鹤立鸡群，与众不同。

地上落满了一个个蒴果，仔细端详，单个的蒴果比一大串一大串的颜色更加变化多端，那是种不能细致区分的朦胧的色彩，像用了许久的画家的调色盘，红的、粉的、黄的、绿的都交融在一起，并不清晰。但所谓美，怕是简单、直白、明了的，不如朦胧的吧？

漫步在栾树林中，令人不得不惊叹大自然的神奇。不晓得古时诸侯坟上的柏树见到栾树如此绚丽的一幕，会不会羡极于它。四季常青固然很好，但如栾树这般开花的时候开花，结果的时候结果，等到了冬天，纵使只剩下满树枯枝，也应该是无怨无悔的吧？

我喜欢这样的栾树。

无患果

　　我们身上穿的衣服为什么如此洁净，这可少不了肥皂的功劳。而如果没有肥皂，该怎样洗出如此洁净的衣服呢？让我们在绣湖公园的一棵参天大树下找找答案吧！

　　一阵风吹来，"啪嗒"，绿油油的草地上传来果子掉落的声音——一个绿玉似的小果子，又好似一个绿灯笼。一抬头，看见树上挂着一串串的绿果子。我们争先恐后地冲过去，一把一把地抢那些漂亮的小果子，一抢到手，几个人却立刻把果实扔出去，好似被马蜂蜇了一样，原来这小巧玲珑的果子只要皮一裂，便会流出无色的黏液。有人说好似洗手液，搓一搓，会产生丰富的泡沫。没错，这就是古代的天然洗手液——无患果。老师说，我们可以试试用它来洗袜子。几乎没有人相信，这毫不起眼的果子可以把我们脏得要命的袜子洗干净。直到何宇凡用果肉搓出泡沫，把他那双脏得发绿的袜子洗得一干二净时，我们才对这神奇的果子心服口服。

当我们把这果子中的"洗手液"用得干干净净时，一颗乌黑油亮的珠子展现在眼前，这便是无患果的种子，既可以玩，又可以吃；既可以插三根鸡毛当毽子或羽毛球，也可以当弹珠玩。我没吃过，只听妈妈说放到火里烤，等它裂了，露出白白嫩嫩的果实，便可以吃了。听妈妈讲着，我仿佛也尝到了那香喷喷、带点树叶清香的白色果仁。

又一阵风吹来，这次叶子可不是直接掉下来，而是像降落伞一样，飘飘荡荡地从高高的枝丫上慢慢落下来。我拾起一片叶子，宽大，茎脉分明，怪不得这如此大的空地上只见稀稀疏疏的亮点。大树像巨伞，像屋檐，遮住了利剑般的阳光，又如同母亲一般，为下面的小草遮风挡雨。

无患子树，别名叫菩提子树，它的嫩叶可以做茶，且是寺庙高僧所饮用的茶。我7岁时也喝过，一口下去，清凉甘甜，微苦，一杯下肚，全身的疲劳在那一瞬间全消失了。

果中的核，经过良好的工艺，可以做成品质优良的佛珠。我想，那佛珠一定是乌黑油亮、色泽温润的。想到这里，我又开始飞快地动手捡无患果。我这才发现，果子的颜色不尽相同，有绿的、红的、黑的、黄的……五颜六色，有些看起来很难看，黑漆漆、皱巴巴的。

我又想，这一个果子能挤多少"洗手液"呀，看样子，一件衣服可是要几十个果子才能洗干净，真麻烦！而且还要爬到那么高的树上采果子，古人可真不容易呀！

橘

我喜欢橘的香味，一闻就是秋天的味道，甜甜的，沁人心脾。

橘园奇特的香气，在一大片农田中，并不十分突出，只是淡淡地从鼻尖飘过一抹，但即使只一抹，那清香也令人回味无穷。今天我们所到的橘园，与那些一直漫延到城市边际的农田相比，显得十分渺小，可是那如繁星般散落园中的星星点点的橘，在这一望无际的绿色中却是那么鲜艳、那么显眼。许多人如归巢的蜜蜂般涌了过去。那果子呀，一个个拳头般大小，娇艳中带着几丝青涩，在太阳的照射下，那艳丽而华美的光泽，在绿叶之间闪烁着。一个个橘儿水灵灵、喜气洋洋地挂在那被累累硕果给压弯了腰的枝头，是多么惹人喜爱啊！

所有人对于那一拳之大的橘都抱有喜爱之心。然而，对何宇凡来说，最重要的是虫子有没有占领这个橘子，仿佛虫子的身影一旦出现在眼前，自己就像是地里的青菜，会被虫子一口一口吃掉似的。

我随手摘下一个大的橙色的橘，顾名思义，橙色的橘便是那最正宗的橘、鲜活的橘，焕发出青春的色彩，在枝头跳跃、舞蹈。用力一剥，那汁水便如泉般射了出来，把手都给染成了引人注目的黄色。第一口下去，唇齿之间留下的清香在徜徉着。那橘络看上去虽是有些难以下咽，在口中却是那么美味，不但有着橘特有的清香，还有一种百草都没有的独特味道。怪不得这橘络可以入药。不知先前吃过的橘，为何橘络那么稀少，这种橘的橘络却是这样多，一层层依附在橙色的橘肉上，可比雪花的洁白，亦可比梅花的清香。橘肉一口口地进入口中，心中仿佛有了一丝丝幸福感，不知这幸福从何而生，却是那么真切！那橘瓣一入口中汁水便喷涌而出，滋润了我干涸已久的嘴唇，像是久旱了的土地，终于淋到了那期待已久的甘霖。

这橘子真大、真甜，吃一个，肚中便已是半饱。

残阳下，青橙相间的橘，散发出柔和的七彩光芒，温暖了我们，也温暖了一秋。

染

植物染，顾名思义是以植物中提取的色素作为染布的颜料。今天，我们准备了苏木、黄栀子的果实，还有刚剥掉莲子的空莲蓬作为染料。苏木煮出来的汁水颜色鲜艳，红得像血；黄栀子煮出来的水是那种淡淡的黄；而绿油油的莲蓬煮出来的颜色最好看，是十分淡雅的灰绿色，素净不张扬，让人心生凉爽。

今天我们用"扎染法"来染制花纹。所谓"扎染"，是中国民间传统而独特的染色工艺。我们把准备染色的棉麻围巾按自己喜欢的方式扎，有的揪起一团扎上皮筋；有的多次折叠后用冰棒竹片夹住，再用皮筋把竹片两端绑紧；还有的干脆随意地把围巾拧起来打个结。每个人做出来的造型都千奇百怪。

在放入染料盆里时，大家都小心翼翼的，生怕那块被绑得五花八门的布被弄脏了。在等待的时候，大家七嘴八舌，明显就是等得不耐烦了。也不知浸泡了多久，老师说可以拿出来了。大家都迫不及待地伸手拣出自己的作品，松开五花大绑，把布展开——只见我绑的那个"螃蟹"，打开一看，是六个带着淡黄的正方形，中间有着几道白色的痕，像一幅无人能读懂的地图。我们在滑梯和桂花树之间扯起晾衣绳，大家纷纷把自己染的围巾晾在绳上。远远看去，我那块围巾虽看不清布上的花纹，但它随风舞动，好像一只飞舞的黄鸟。凑近了看，布上的花纹又十分可爱，像六朵盛开的栀子花，连在一起十分美丽。刘凯威染的如同一个外星符号，而何宇凡的则如天书，因为上面的图案似字非字。

所有人的围巾都是独一无二的，这就是染最大的意趣。

青椒肉片

每次在饭店中选菜时，勾引我胃口的不仅是菜名和它们特有的味道，还有它那或难或易的烧法。

青椒肉片是家常菜中的精品，当青椒淡淡的辣从粉嫩的肉片表面渗透进去的时候，两味精妙地融合，不仅仅只有肉的醇香，青椒那丝丝的辣味掺在其中，仿佛若隐若现的雾气围绕着仙人，那味道真是难以言述。

炒这么一盘菜，就好像是精雕细琢的玉石，万不可出一丝差错。先取青椒几枚，放入水中，当它碰到了波光粼粼的水，仿佛融化在了水中，那水灵灵的绿，令人不肯去掀它的盖。把盖掀开，只听清脆的"啪"的一声，青椒中那成百上千的籽争先恐后地蹦出，如同一群淘气的孩子从妈妈的怀里挣脱出来。接下来切好青椒、姜、肉片。热锅温油后，全置入锅中，翻炒，这时的青椒肉片，已渐有成色，于是盐与黄酒成了它们最好的伴侣，让美味尽情散发。炒好后的青椒肉片香气满怀。略带褐色的青椒，在肉的衬托下显得格外诱人，一口下去，那美妙的味道，从舌尖弥漫到整个舌头，令人回味无穷。

于是，青椒肉片既是家常菜中无与伦比的精品，也成了饭店菜谱中炙手可热的畅销款。

中华鲟

中华鲟，顾名思义，是中国才有的鲟。

尖尖的嘴，像长长的利剑，背上的锯齿像一把尺子，漆黑的身子像一块煤炭，脊背中间有着一道明显的白线，好比伸手不见五指的夜空中划过一颗闪亮的流星，照亮了大地。在火红的鱼群中，它黑得非常显眼，而尖如利剑的嘴更体现出它的瘦，只有初生的竹子那么细。

巨大的鱼缸中、拱桥的桥洞下，它们追逐嬉戏；在海底的沉船中，它们欢快地捉迷藏；在海草间，它们灵活地穿梭。我想，连专业游泳运动员也捉不住它，就算捉住了它，那亮滑的鳞片也会发挥作用，哧溜一下便从你手里溜了出来。有时，它们也不闹，安安静静的，仿佛在享受什么。

中华鲟，状似长剑，嘴尖，身黑，须短，尾长，好比上弦之箭，迅如闪电，瘦如细竹，又好比上天之火箭，快胜声波。似黑煤，似利剑，此之谓中华鲟。

战斗机与战斗鸡

战斗机，顾名思义，是作战用的飞机。而战斗鸡，指的是凶猛好斗的公鸡。在乡下，我们时常会见到两只鸡相斗。它们飞越对方的头顶，用爪子上方的距来进攻敌人。距，是爪子上方一个尖锐的刺，鸡常用它来格斗。

我小时候也见过斗鸡。

那一天，我在赤岸。我和外公去外面散步。忽然听见公鸡的尖声啼叫，我忙跑过去，只见一只公鸡恶狠狠地盯着另一只公鸡，那只公鸡却镇定自若地站在那里，从容不迫，好像没什么事儿。它这副样子彻底激怒了那只恶狠狠的鸡。它张开翅膀，向这只从容不迫的鸡猛扑过来，露出它尖锐的距。那只鸡也毫不畏惧，一边躲闪一边也露出它长而尖的距。面对杀气腾腾的公鸡，它一跃而起，用"锯"在那只鸡身上划了一道口子。那鸡"哦、哦"直叫，一开始那旺盛的精气神瞬间减去了许多。它跳进草丛，不见了。那胜利的鸡昂着头、挺着胸，到一边吃食去了。

狗的那些事儿

7岁那年，在赤岸。那是个山清水秀的地方，当然免不了有野狗。村里的垃圾堆边，是野狗的聚集地。

它是一只看门的土狗，不知什么时候被主人遗弃，不得不跑去了山里。当我再见到它时，它已十分苍老，脸上、背上、身上的毛显得暗淡无光，眼睛却炯炯有神。我认出来了！它就是村里那只忠实的看门狗，本被主人器重，却因为咬了村里的一个孩子，地位就一落千丈，成了只野狗。它在那儿翻东西吃，一连几天，我看见它捡到了人们扔掉的鱼刺、肉骨头，对它来说，那一定是些美味佳肴。虽是天天都能找到好吃的，却不见它长一点儿肉，反而越来越消瘦。那天，我扔了块骨头给它，它咬来咬去，好似很久没有吃东西，我又喂了它几块骨头，不知怎的，它没吃，搬回窝里去了。

第二天再见到它，它目光依旧是那样炯炯有神，身子却更加虚弱，我决定去看看这只狗的窝，到底是什么让它这样虚弱。当我找到它时，它正在那儿使劲儿地吃什么东西，好像是什么昆虫之类，然后它紧绷住全身，好像在用力干什么一样，却见它吃力地拉出一块黑乎乎的大便，如获至宝地把它拖回了窝。我不知它在干什么，就决定跟过去看个究竟。

我一看，惊呆了，里面有三只小狗，每一只都嗷嗷待哺。它们准备吃的，正是它们的母亲用尽全力拉出来的大便，上面还渗着丝丝血迹。那些小狗长得挺壮实，想必是它们的母亲用尽了心思才把它们养得这么好。在找不到食物的日子里，连把血给孩子们吃也愿意。我顿时感到平日让人恶心的大便，此刻竟然变得十分可爱，这是多么令人感动的母爱呀！虽说在严寒的冬季，有刺骨的北风刮进窝里，可是我想那些小狗一定不会感到寒冷，因为它们有最温暖的东西——母爱。

第二只狗，也就是我最近一次见到的狗。它也是一只土黄狗，头上有七颗如同北斗七星一般排列的白点。它好像受过教养，对人特别亲近，对小孩子更是有着分外的亲热。它对我十分熟悉，见了我便叫起来，还要跳上我的大腿，好像欢迎我的到来。我们都爱叫它"七星斑"。它的叫声很奇特。开心的时候，它会发出一种令人兴奋的声音；不高兴的时候，它的喉咙会发出一种好像老虎在低吼时声音；无聊的时候，它会从嘴里发出"咕咚，咕咚"的声音，为自己解闷；当然，有人欺负它的时候，如果边上有人，它就会向他求助，没人时，它会发出一种很不开心的哼哼声。

一次回家，不见它的影儿，第二天，第三天，依旧到处找不到它，等到第四天，忽然跑过一个黄色的身影，我一个箭步冲上去，跟着那个身影跑了过去，一看，正是七星斑，原来，它找了一个有着好几层破被子的箱子，在那儿住下来了。唉，这只狗真不听话，没跟我打一声招呼，就来了这儿。我正想说它几句，可是看着它那呆萌的样子，心中的气顿时消了。而这一次"失踪"，更增加了我对它的牵挂，都把它当人看了。

几天后，它又失踪了。这下子，我可不再为它操心了，随它吧。

可是半个月过去了，还是不见它的踪迹。这下子，我的心中又悬起了一块石头。我四处找它，后来才在一个柱子边找到了奄奄一息的它，不知怎的，它好像累倒了。后来，就没有再见到过它了。

长大回城，我搬家到了新科花园，从此就很少再见到人类这最亲近的朋友了。

猫

总有些人不喜欢猫，觉得它不够听话，太过随心所欲。我当然并不持这样的观点。

猫是非常有个性的动物。

这只名叫馄饨的猫，是璐姐和煦哥的宠物，走起路来悄无声息，皮毛黑白相间，摸起来柔软舒适，两只水灵灵的大眼睛圆溜溜的，让人看了觉得十分可爱。可它也有美中不足的地方，那就是胆小，一来画室便蜷缩在角落里，身子直发颤，一旦有轻微响动，便紧张地望着周围，更是缩成一团小肉球。

我们小区里的流浪猫可没这么温顺。它们常三个一群，五个一伙地去骚扰看门的狗，惹得狗主人很不开心，不过主人一发现它们，它们便一哄而散，让狗主人只能望而兴叹。它们的胆子真大，不怕狗。

这还不算凶猛的，最凶猛的要算三姐老家的那只猫

"三三"了。它性格高傲、独来独往，除了鱼和老鼠，几乎不吃别的食物。三姐的爸爸经常为了它出门钓鱼，钓了鱼回来，用大水盆养在家里，让它自己捞着吃。听三姐说，这猫在春节期间，可是大干了一场呢！它一"人"在眨眼间连打七狗，其中还有三只是体形超大的那种狗。就因为那些狗尾随散步的三姐到了家门口，三三看着很不爽，它大约是这样想的：敢跑到我家地盘上来撒野？我一定要给你们点颜色看看。于是，还没等狗反应过来，三三就以迅雷不及掩耳之势扑到最高大的那条狗身上，抓住它的脖子，猛地就是一口。擒"贼"先擒王，其他的狗吓得魂飞魄散！就这样，三三有了"打狗英雄"的称号，这要归功于它常年练就的绝招——敏捷。这只猫是我见过性情最暴烈的猫了。

这就是猫，与人一样，它们的性格也是丰富多样的。

蚁

～

　　我坐在泥土上想着想着，屁股上痒痒的，我忽地站起来，那是一个蚂蚁洞，空空的，像是一只空洞的眼睛，无神地望着我。

　　我感到不知所措，不知是愧疚，还是对蚂蚁的同情所驱使，我飞也似的逃回了家，而那隐藏在我身上的几只"侠客"，却经历了一次奇异的游历。

　　当我发现那芝麻般大小的蚂蚁时，那细弱的身躯娇小得惹人怜爱，它静静地待在那儿，一对触角烦躁不安地摆动着，三双纤细的腿，颤颤巍巍，它踌躇不前，对着沙漠般无边的黄色感到莫名的恐惧，当它那微微抬起的腿落地时，仿佛就坚定了勇气，从我的手臂跑到手掌，它跑得很匆忙，似乎迫不及待地要冲出这片沙漠，它抬起头望了望我竖起的食指指尖，却似乎对此失去了兴趣，开始游览起来，它走得慢了，却很喜悦，仿佛庆幸没有了森林——我那竖起的汗毛。

　　忽然那么一瞬间它消失了，我看了一眼书，它便不知去哪里玩儿了。等我再想起它时，我轻喊几声，仿佛是听见了我的声音，它出现了。爸爸却突然打开门，道了声"晚安"，等我再看它时，已被我情急之下捏成了一团。

蜜蜂

春天的到来，让原本死气沉沉的大地焕然一新，柳芽冒出来了，桃花开了，月季花开了，花香吸引着蜜蜂，这些蜜蜂，整天在花丛中流连。它们那细长的绒毛，好似围在颈上的鹅绒围巾，触角微微摆动，还时不时震动翅膀，一副坐立不安的样子。黑色的身体上嵌着鹅黄毛的绒毛，勤劳地在各地飞翔，处处都可看见它们不辞辛苦盘旋的身影，真是"不论平地与山尖，无限风光尽被占"。它们几十天的劳动成果，也许被人们在晨夕间便饮用殆尽了。它们是否知晓呢？也许它们对此不以为然吧。你看，不论怎样，它们日夜辛劳地收集花粉，酿制蜂蜜，从来不会偷懒。

不过，它们也有凶狠的一面。有一次，我在外公家看见了一个蜂巢，外公准备去把那蜂巢给捅掉，当他全副武装捅了三下，"吧唧"，蜂窝掉了，蜜蜂一下子冲了出来，这可真是"一窝蜂"了，不过这窝蜂却没朝那"犯罪人"飞去，反而向我这在一旁凑热闹的旁观者冲了过来，我急忙把门一关，可还是有几只蜜蜂"敢死队队员"飞了进来，把我蜇得鼻青脸肿。待在一旁的外婆竟然偷偷地笑，我气得差点晕过去。

伤好了以后，我再也没有靠近过蜂窝。倒不是因为憎恨它们，而是又敬又怕。蜜蜂那坚持不懈，勇于保卫家园的精神值得我们学习。

蛛网

---◞---

是什么时候，那只八脚的蜘蛛爬上屋檐？

是什么时候，结起了一张错综复杂的蛛网？

是什么时候，有几只愚昧的苍蝇被网黏住？

是什么时候，大雨倾盆砸落纤韧的丝网？

又是什么时候，又立起了一张毫不屈服的网呢？

我在不经意的一瞥间，望见了无时不在发生着的渺小的坚持。或许，是它的求生本能所驱使？雨，噼噼啪啪地砸下来，无情地砸在它身上，它的脚步变得凌乱，慌不择路地来到了一片树叶下。它呆住了，却无能为力，只能眼睁睁地看着无情的造物主成为恶魔，摧残着自己的心血与渺小身躯，可亦不能愤愤不平，说出来也没人听到，只能把抱怨烂在肚子里。

夏日在嘲弄着它，雨停了，星星点点的丝支撑起了支离破碎的网，上面还带着零星雨露，在屋檐与大树之间，显得摇摇欲坠。更令人担忧的是，天上依旧乌云满天，天知道什么时候又会下起雨来！可它依旧义无反顾，吃力地爬到网中央去了，用尽全身的力气，挤出一根又一根的丝来——这是它丝囊里所剩无几的一些，这些丝，都是它费尽了千辛万苦，经过了七七四十九天、九九八十一难所得来的，它才不会浪费一丝一毫呢！

雨，终于没下下来，它十分满意再没有人来打搅它织网，它在枝头上，优哉游哉地散步呢！等待着猎物上门后大快朵颐，这不，傻傻的虫子们，一个接着一个地上了当，黏在了网上。

纸飞机

~~

　　小时候，在乡下老家，闲着无聊，便折起一架架纸飞机，哈一口气，把这些各式各样的飞机扔向山间。一架又一架，多少飞机带着我天真无邪的微笑飞到无边无际的旷野中。小时候的许多欢乐，都凝聚在这一架架纸飞机中啊！

　　今天，我们又满怀着信心，折了一架纸飞机。用力哈一口气，仿佛把自己的灵魂都给了它。当我使尽力气把这怀着天真梦想的飞机送向蔚蓝色的天空时，起初它像是一只获得自由的鸟儿，飞向那令人向往的蓝天，可是飞得并不高，也并不远，就从一望无际的天空中徐徐落下。一次次的尝试，一次次的失败，机头都已破损，但它仍坚持不懈地再次起飞，越飞越高。我们也一次又一次对着机头哈热气，向后退几步，向前一冲，手一撒，那小小的飞机载着大大的梦想飞向蓝天。

　　许久，一架飞机从高处飘然落下，竟落在了那香气扑

鼻、花团锦簇的桂花树上，我大叫一声，却也无能为力。大家又是跳、又是叫，吵得地动山摇，那挂在树枝上的飞机仍是无动于衷。飞机的主人急红了眼，脱下鞋便对着飞机用力砸去，"啪"的一声，果真击中他心爱的飞机。飞机颤颤巍巍地从树上掉落下来，一侧的机翼上印了脏脏的鞋印，另一侧则快要散架似的展开来。他满心欢喜地捡起来，又把它的翅膀重新折叠好，使它恢复了原样，但经历了那么多次磕磕绊绊的飞行，它俨然是一个浑身伤痕累累的战士了。可是他并不嫌弃，也不知为什么，可能那是自己亲手折的，它带着自己的梦想飞翔过，哪怕没有像一架真正的飞机那样遨游天际、穿行云间，但它毕竟飞翔过、努力过……于是他渐渐对这"梦想的使者"产生了感情。

我们几个人比赛，看谁的飞机在空中飞得久。一声令下，我们一起把手中的飞机投向天空。何宇凡的飞机在空中翻了个漂亮的后滚翻，眨眼的工夫就落地了。金弋洋的则持续在空中盘旋、滑翔，始终不落地。而我的呢，在空中不断翻跟头，快要落地时却又腾飞起来，飞向那高高的蓝天，好似不甘就此落定，于是又借着风的力量飞向天空，无论是谁都发出了惊叹。

等飞机落下时，我十分自豪地捡起那架飞机，大家都十分羡慕。可是后来，我的飞机一不小心飞到高高的桂花树顶，这下连扔鞋子也无济于事了。我只好让它待在那儿，或许它只是想在那儿歇息一下，说不定什么时候，一阵风又会带着它腾飞起来……

风筝

　　高高的蓝天上翱翔的苍鹰，总会勾起人们这样一个梦想：希望自己也能在空中自由飞翔。

　　这启发了墨子，他费尽精力，用了三年的时间，造出一个似鸟非鸟，名叫木鸢的东西，可终究还是失败了。他的徒弟鲁班也做了一个木鸢，比他师父幸运的是，鲁班乘着木鸢飞上了天，还偷偷地从高空俯瞰了宋城。这便是风筝的雏形。当时，风筝多用于军事，到了唐代以后，风筝才被人们作为一个玩具。宋代的人流行在清明节这天放风筝，据说把风筝放得远远的，然后割断风筝线，就能让它带走一年的霉运。

　　风筝一开始叫纸鸢，纸鸢在飞行时挂上一个哨子，哨子被风一吹，便会发出像筝一样的声音，所以又得了"风筝"这个名字。

　　千百年来，能工巧匠们制作了各种各样的风筝，大的、小的、长的、短的，有动物模样的、有几何图形的、有人物肖像的，还有花花草草的。我最喜欢的就是老鹰风筝了，做成这种外形的风筝，往往飞得又高又远，直到在空中变成一个芝麻大的黑点。

我第一次放风筝，是在3岁时的一个春天，那天，我和爸爸把威武的老鹰风筝放上了天，然后爸爸手一松，因为我的体重只有十几斤，那股巨大的力量竟拖着我飞了起来，幸好爸爸及时发现，不然的话，我真不知道会跟着风筝飞到哪里去呢。

风筝，它载着我们的童年，在空中自由自在地翱翔。

百子灯

.... ⌒⌒ ....

在历史悠久的佛堂老街上，美丽的百子灯闪烁着亮丽的光芒。这百子灯源于田心村，听做灯的许科红妈妈讲，做百子灯的过程十分复杂，扎、刻、贴，每一项都要有深厚的美术功底，像许科红叔叔这样厉害的人也得花上十天半个月才能做好一盏小小的灯，有些比较大型的、花样繁复的，甚至要用大半年或一整年的时间来做，真是每一盏灯都凝结着他的心血呀！

我们去许叔叔的百子灯店里参观。只见古老的木结构的屋顶上，悬挂着各种各样的百子灯，有人物的，有花鸟虫鱼的，还有宫灯、走马灯等。每一盏灯都有成千上万个细小的针孔，点上里面的灯，光就会透过这些小小的针孔照射出来，所以叫百子灯。

百子灯是纯手工制作的灯。最复杂的工艺，就是扎这些针孔。许叔叔拿了一个比较简单的图案给我们示范，将绘有图案的硬纸张平铺在桌面的台案上，然后用普通的绣花针沿线往下扎，扎的时候一定要垂直，扎出的孔才能又圆又正，做成灯的时候，透出的光才更多、更亮。孔与孔之间的距离要匀称，不能稀稀拉拉，也不能太密集。许叔叔低着头，握着自己制作的针——在绣花针上面缠一些字条和布，方便把针握在手里——一针一针，目不转睛地扎着南北朝时期的高僧傅大士像，针孔一颗一颗排着整齐的队伍，准确地落在画像的一根根线条上。看起来这并不难啊，只是需要许多时间罢了，我心想。

丁妈跟许叔叔商量，让我们也亲手试一试。我们都迫不及待地想试一试自己的身手。"每人扎一分钟。"丁妈说。我不是第一个，排着队边等候边伸长脖子看别人扎。呀，没想到，各种状况都出来了。有人没扎几下，就把针扎断了，原来是没有将针垂直落下，这样不仅针坏得快，扎出来的洞也是歪歪斜斜的。还有的人呢？针孔排得不够精致，要么太疏了，要么太密了，差点儿两个都连在一起了。我的心里开始打退堂鼓，这是看起来容易做起来难啊。终于轮到我了，我小心翼翼地拿起针，用力往下扎，第一针还算顺利，接着扎第二针，嗯，要注意间距，第三针，第四针……短短的一分钟，我的手心里快冒出汗来了，手指也因为太过紧张而微微泛酸。做百子灯真是太不容易了!

我们常去的红糖馆,有两个高一米、宽两米的百子灯,围成灯的各块纸板上,大大小小的针孔不计其数,何止成千上百?从上到下、从左到右地看,那些针眼细密有致,大小几乎相同,绘成各种美丽的图案,灯一亮,橘黄的灯光从里面点点辉映着外面绚丽的色彩,找不出任何瑕疵,无论谁看了,都会忍不住赞叹。这样的百子灯,得花费多少工夫才能做出来啊!

寓意"百业兴旺、子孙满堂"的百子灯,已经有600多年的历史了。600多年间,一代又一代田心村人,用一针一针的执着传承着制作工艺,让我们在今天还能看到如此精美的纯手工制作的百子灯。不得不说,这是我们的幸运,也是百子灯的幸运。

生如烟花

都说烟花易冷。然而美好的瞬间就是对时间的最好诠释。

时间总是匆匆，永远不对任何人做任何等待。美好虽并不足以阻挡时间的脚步，时间如水，手拼命抓取却是无能为力，但你可以做到，让它在手上留下存在过的痕迹，留下永存于记忆中的震撼。

哪怕这样的美好转瞬即逝。

烟花迸发出炫彩的那一秒，是它生命中最精彩的高潮，在黑暗的夜空中喷薄，用无比惊艳宣告着它的到来。它来过，轰轰烈烈地来过，万众瞩目地来过。哪怕几秒之后，颜色变得暗淡下来，最终只成了一阵烟，随风而散。地面上残留的灰烬证实着它的存在。人们眼中曾经闪现的美好证实着它的存在。有多少人铭记了这一刹那的美丽、一刹那的昙花一现。

在宇宙的亿万年间，人，这一小小的生灵，多么像一束烟花。能喷射出多大的火花，能有多么壮观璀璨，一切全看自己。在自己所拥有的这一秒，向全世界展现属于自己的轰轰烈烈的美，大约才算无愧于时间、无愧于一生吧。

当绚丽的火花从天空中散去时，有多少人会去赞叹？这一朵小小的、普普通通的焰火，有多少人会铭记？记得多久？十年？二十年？我相信，真正震撼人心的壮美，一定会给人们带来心灵深处最深刻的感慨，它将在记忆中定格，久久不被遗忘。

千万朵烟花冲天直上，深深刻在人们脑海中的，一定是最壮丽的那一朵。

人不也一样吗？

所以要努力做最出色的自己。哪怕得不到别人的赞叹，但至少已经做到属于自己的第一。

生命如同一束烟花，不要感叹太过短暂，不要害怕惊天动地。时光会记得你的轰轰烈烈。待你冷却，消逝于黑暗的夜，你将无悔于走过一遭、闪亮过一回。

旅
途

童话书屋

这一座童话屋是汤汤的，也是我们的。里面的风格与其他童话屋不同，它是完完全全的老宅子风格。门是古色古香的木门，房角上全是精美细致的雕刻工艺，一派中国风。人一走进去，就会感觉全身清凉，如同进了清暑殿。

这里最多的当然是书，有各种各样的童话书。你可以平心静气地坐下来，慢慢地一本一本地津津有味地看。看着看着，你就会发现，来这里的人，都很安静。因为他们也和你一样，正沉浸在书里呢！

这里还有许多精灵保护着书，不让坏人把书偷走。开门第一个看见的便是植物精灵——菖蒲。它是古代文人很喜欢的植物，说它只能用很干净的水养，这水如同文人的心灵，不想受到半点灰尘的侵害。正是因为菖蒲这样清高，文人才喜欢它的。

这里是喜欢书的人的天堂，不喜欢书的人之地狱。我虽然已经来了十几次了，可仍然对这里非常向往，因为这里有我觉得百看不厌的书。我也喜欢这里营造的童话氛围，尤其是在正厅门前两侧，挂了12位汤汤最崇拜的童话作家，一进门，目光穿过天井，就可以看到他们的照片和文字介绍。他们都有着闪闪发光的眼睛，每一位进童话书屋的人都可以与他们对视，寻找阅读童话、创作童话的快乐与美妙。其中，也有我崇拜的七八位，我看他们的书看得停都停不下来。每次正当我看得津津有味时，书就翻完了，这是我的一点儿遗憾，但这并不影响我喜欢他们几位童话作家。他们的书真是既精彩又有趣。

我喜欢这座童话书屋！

竹之巅

山高路陡，如登天之梯，直上云霄。

一路覆盖着满满一层落叶，如山的被子一般。草木间，枯黄的叶子还未褪尽，依旧留有冬日的旧痕。春，仿佛还在那高山上翠竹之后，等待求知者把它带到人间。

坡太陡，可上边仿佛有什么珍贵的宝物，吸引着人们的到来。我扛着锄头，这几斤重的大块头，将在不久之后派上大用场。一路上，丝毫未见竹的影子，我们也无暇四顾找寻，只管一味地向上爬。竹林仿佛躲进更深、更密、更险的地方去了。它们已然准备好，商量着就等我们来，要将我们带上，一齐隐遁到无人知晓的地方。

爬上最后一道陡坡，偌大一块平地赫然显现在我们眼前，一抬头，终于见到了平原之上的竹林，郁郁葱葱，真是千竿万竹啊。我们一行三人，顾不得爬山的辛苦，越过平原便想往林子里冲。却不想，扛着锄头找寻了半天，连金老师也毫无成果，果然，竹笋们早知我们要来扫荡，昨晚上便藏得妥妥的了吧？

难道如此苦苦上山，就为着求得山下人的嘲笑？万不可以，若再不见笋，便也无颜下山。暗自在心里下定决心——不挖到笋，誓不下山！然而我们越是无头苍蝇一般，游走在根根翠绿之旁，结果却越是一无所获。我们的眼睛好似被这一片绿意遮蔽了，在60度的斜坡上四处摸索着，唉，连星星点点突出的笋尖也不曾觅到。

正郁闷的时候，清凉的山风拂过我们的面颊，仿佛在安慰我们受伤的心灵，又仿佛略带嘲弄地提醒着我们的无能。再如何愤愤不平，也不能口出怨言，举头三尺有神明啊，这积蓄了千百年自然之力的大山，置身其间，总有一种敬畏感。把埋怨都烂在肚子里吧，忍不住又悄悄地想：山上，哪还有什么珍宝？

支撑着我们上山的信念，就要烟消云散，再没有力量支撑我们往上爬了，一竿又一竿翠竹挡在前面，变得令人望而生畏。早知如此，何必当初？巴巴地扛着笨重的装备千辛万苦地上得山来。呜呼！心中有了绝望，力气便不复存在，现在只能等着狼狈下山了。

可终究不甘心哪。一路上也不是没看到"笋"，无奈根根都太老，它们就快长成小竹子了。退而求其次，长子里面挑矮子，把那头探得不算高的、外衣穿得不胜绿的、看起来还有点儿笋模样的掘了两棵。迫不及待地剥去壳，竟然通体明亮、晶莹剔透，是否也能脍炙人口？带着一星半点儿希望，我们一行人连滚带爬地往平地挪移。嘿，刘恺威竟然在一处稀稀拉拉的竹林中找到了三根名副其实的竹笋，鹅黄的顶芽，淡棕色的外衣，一瞧便是嫩嫩的、鲜鲜的。我们欢天喜地地挖掘起来。

磕磕绊绊，深一脚浅一脚，拄着锄头，扯着竹竿，我们终于如垂暮老人一般步履蹒跚地下到平原。带回的笋当然没派上用场。爸爸妈妈的朋友早已不知从哪儿挖了一大锅的笋，和腊肉一起，咕嘟咕嘟煮进锅里了。

笋香裹着肉香，炊烟袅袅，一派宁静。心也跟着旷达起来，像重新充满了风的帆。山之巅的翠竹，悠悠地唱起歌来，呼啦——呼啦——

它在呼唤着什么呢？

记兰亭

...✎...

    王羲之无与伦比的行书，在书法史上留下了浓墨重彩的一笔。兰亭，只是记下格外辉煌一页的地方。

    谁都知道，《兰亭集序》是天下第一行书。

    那一日，我们终于奔着写出了天下第一行书的风水宝地——兰亭去了。

    初入此地，幽静的竹林中，时时传出清脆的鸟鸣声，让人仿佛置身于世外高人的地盘，远处，一抹淡淡的棕色映入眼帘，建筑风格简约又古朴，哦，原来只是检票处，也如此富有诗意。

    继续前行，康熙所题的"兰亭"二字显得格外气势磅礴，四根双手合抱粗的柱子托起雕梁画栋的屋顶，屋上带着点点绿意的黑瓦之中仿佛缓缓渗透出深沉的墨水味，让人陶醉其中。远处白鹅高傲的叫声和着流水源源不断地传入耳中，激发出我的无限欢喜。一步步临近鹅池，当鹅雪白的翅膀和如初升朝阳般丹红的额头从池中跳跃而上时，看似笨重的鹅身忽然变得如飞燕般灵巧。真是充满灵秀的生命啊！跨步向前，即为王羲之、王献之父子所题之"鹅池"二字。"鹅"为王羲之所题，流畅的线条，熟练的笔法，仿佛是将一只活灵活现、婀娜多姿的鹅置于石上，越看越觉得栩栩如生。而"池"字，与"鹅"字相比，则多了几分优雅之气。两字巧妙地相呼应着，既有所不同又浑然一体，实可称之为父子俩的绝世之作。

当叮咚的流水声传来时，我奔向声之来处，此地即为曲水流觞之地吧？天下第一行书，便是在这样的钟灵毓秀之地诞生的！身临其境，真令人激动不已。我端坐于一蒲团之上，看着眼前汩汩的流水，弯弯曲曲地在竹林丛中穿越，仿佛也体会到了当年诗人们吟诗作赋、曲水流觞的天真烂漫、豪情壮志。

后面，康熙御笔所临之《兰亭集序》，虽比不上王羲之当年酒后一挥而就的潇洒恣意，但站立其前，却也有一番气势可观、可品，令人叹服。

静立于石碑之前，细细品读《兰亭集序》中的每一个字。我们一行中有人忍不住吟诵起来：永和九年，岁在癸丑，暮春之初，会于会稽山阴之兰亭……渐渐地，老师、学生，都加入了吟诵之中，声音越来越奔放，情感越来越投入，引得其他团队的游客纷纷驻足倾听。

吟毕才觉，额头已然微微出汗。《兰亭集序》，果然是酣畅淋漓之作啊。

钱塘之潮

早晨的风带着点从海上吹来的潮气，湿漉漉的，令人不由得打了个寒战。

我蹦跳着、欢呼着，跑到饱经风吹浪打的堤岸，那儿的土，微软，似乎被带着丝丝咸味的江水——海水倒灌的奇特结果——泡得酥软而无力了，仿佛它已经禁不住潮水穷凶极恶的扑打，显得摇摇欲坠了。可是，海水终于没能奈何得了它。它如同双节棍般柔中带刚，不管海水怎么软磨硬泡，这鸡蛋般脆弱而又坚固的堤岸，始终像母亲一般挺立着。

江潮来了，先是从遥远的地方传出了一声在这平静的气氛下显得十分怪诞的声音。紧接着如同是国王经过时演奏的异常兴奋的乐队，远远地，活跃在江面上。曲声继而变得欢快起来，苍茫天边，出现了一条引人注目的白线，像是女娲补天时那一条裂缝重现于天际。此时的声音，一如战争开始时嘹亮的军号与信号枪发出的巨大声响。突然，白线如同一艘失去控制的轮船，在江面上飞腾，击打出的白色浪沫，铺天盖地地涌上浪头，形成了更奇异的白线。仅是十二三秒，这潮便以迅雷不及掩耳之势蹿到了我的跟前，接踵而至的浪花像万马奔腾的一刹那，像百万大军前进的那一秒，其气势磅礴，连有万夫莫当之势的黄果树瀑布也要自叹不如。

只眨眼间，奔到眼前的潮水就已远去，由不得人们展开细思，也来不及感叹它的壮观豪迈，只剩下余波还在拍击着堤岸，一阵又一阵，一声又一声。

众人见大势已去，一边饶有兴致地谈论着，一边都回到屋中去了。

西湖奇观

$\dots \textcircled{\smile} \dots$

　　游杭州九日，访西湖。未见其水，先闻其声，水声哗哗然，似大雨，似瀑布。远观白堤，似一长龙，横卧水上，断桥即为龙头。但见它如微凸之山岭，中有洞，可行一舟。漫步断桥，侧耳倾听，洞中水声奇特，婉转回荡，叮当作响，如入山野之中。桥一侧，莲叶田田，无穷碧也。莲中通外直，不蔓不枝，亭亭径立，如缓步闺房之淑女，似读书吟咏之君子。此为断桥之大观也。立于桥上，微风阵阵，忽冷忽热，如飞来峰之石壁，变化多端。俄而风过，身心已清净大半，如洗如涤。漫步白堤，两边绿柳成荫，游人络绎不绝，水波荡漾眼前，粼粼如宋画之微波。

　　至西泠桥，极目远眺，见断桥小如指甲，却极精细，似精雕细琢之玉器，如玲珑小巧之雨亭，令人惊叹。倘若冬日，又有断桥残雪一景，享誉西湖。惜哉！当此炎夏，自不可赏得。然北之北高峰，侧之飞来峰，其形各异，其景甚奇，吾皆观之而后快矣。今又伫立杭州之眉目——西湖，西湖之眸子——断桥，不负此行矣。

驻足月波亭，将暮未暮之时，天欲雨，群山烟雾朦胧，犹如仙境，似有细雨，飘忽而来，若飞龙腾空，驾雾而行。鸟忽惊飞，鱼时跳跃，余心下暗喜：天公作美，烟雨西湖近在眼前矣。等待多时，仍未见雨来，正怅然失落，忽闻人曰："虹也！"举头，却不见虹影。正欲低头，红光一现，闪于天际，如锦带一泻雷峰塔之上，心中一喜，又见一霓与之相衬，似雌雄双剑刺破长空，又似通天大道，升往祥瑞之处，令人惊喜万分，痴痴如坠云中。

"火烧云！"一声赞叹唤醒梦中之人，忙疾步西泠桥，大半苍穹如火般红艳，似玉皇大帝之朱砂泼洒天际。人曰："湖神赐福，乃有此奇异之景也。"众人皆双手合十而拜，余亦对此许一小愿。毕，久盼之雨终至，虽微却凉，洒于身，散热解暑，心旷神怡。

今日之游，实为大吉，霓虹并现，染红云，降甘露。自有生之年来，余未遇此等奇观于一刻之间一一呈现，甚奇也，故记之。戊戌年六月十一日。

砚滴

一进"越地宝藏"主题馆，那儿或稚拙淳朴、或华丽精致的器物让我无比震撼。当这些中华文化的瑰宝一一陈列在我面前时，我惊呆了。隔着橱窗的玻璃，我依然能够感觉到它们古老的气息扑面而来，整个下午，我深深地沉醉于中国艺术的熏陶与洗礼之中。

从最原始的石器到玉琮、玉璧，再到青铜、金银首饰、陶瓷，当我第一眼看见这个比巴掌大点的瓷鸳鸯时，还以为只是书桌上的摆设。但它的背上为什么会有个洞？我不知怎么解释，只道是个装扮。鸳鸯一丝丝莹润而细腻的羽毛，似乎被人细细地梳理了一遍，一根根有次序地排列着。特别是眼睛后面的羽毛，被梳了又梳，好像是有洁癖的人的房间，打理得整整齐齐，没有一丝杂质，显得十分含蓄。而脖子上却恰好相反，如同夯了似的，飙飞起来，动感十足。它的两目，带着丝丝兴奋与惊奇，炯炯有神地注视着前方，这一

刻，多像是与同伴走散了几日又重新回归到大家庭中。整只
鸳鸯的色泽，晶莹柔和，粉青带着点红褐色与黄色，显得典
雅、温润，羽毛旁泛着淡淡的烟蓝，如同太阳刚探出一条缝
隙，天边那一团粉红中夹杂着的一丝蓝，在羽毛边渲染开，
把原先的粉青，抚慰得更加敦厚。鸳鸯的腹羽上带着点点
黑，较深的像是伸手不见五指的暗夜中的天空，较淡的则如
同一颗颗穿梭在茫茫黑夜中的微弱的星。它的嘴巴玲珑小
巧，只有小指指甲那么大，可是却如同真的一样，如果你把
手伸进去，说不定它会啄你一口呢！退开几步来瞧，整只鸳
鸯活灵活现，栩栩如生，仿佛一碰水就会活过来，匆匆忙忙
游走似的。

　　看了博物馆的说明，我才知道这叫砚滴，古人习字画画
时的必备用品，将水从鸳鸯背上的小孔中灌进去，要磨墨或
调墨时滴上几滴，鸳鸯的嘴巴便是出水处。我虽然平时也练
书法，但从来都是用现成的墨汁，所以对此知之甚少。见识
了这个砚滴之后，对古人的精致讲究，真是无比拜服。这可
比杯子好多了，倒进去后水不会晃晃悠悠——因鸳鸯背上海
棠形的注水孔挺小，将水团团护住，倒出来的时候呢？又方
便控制水量。真是小洞眼里有大名堂呀！再仔细看那注水孔，
做得真不易，对称的海棠口，圆润光滑，如糯糯的老玉，线

条舞动，是春天刚开的海棠。这么个小小的物件，不仅在用途上设计得如此体贴用心，美观方面也丝毫不松懈，足以探得古人一颗巧妙绝伦的匠心。

唯一美中不足的，是这砚滴做成了鸳鸯的形状，却只有一只。独身的鸳鸯一定日日夜夜在思念自己的伴侣吧？但愿有另外一只鸳鸯来陪它厮守终身。

在鸳鸯的旁边，展示着另一个砚滴。只见到三只脚，身子又扁又宽，头微微向上扬起，一副天真可爱的样子。看了好一会儿，我才明白过来，这应该是蟾蜍。传说月亮上就有一只蟾蜍，所以嫦娥住的月宫又叫作蟾宫，怪不得它静静地释放着一种如月光般清冽柔和的光呢。这光很容易令人跌入梦幻之中，我想到云朵的轻柔、游丝的飘逸。我想象它或许是天上的神物，一不小心掉到了人间，正抬头巴望着嫦娥姐姐来救呢。它背上的花纹似漫天藤蔓，一缕缕缠绕着，中间有个清晰的圆，难道代表月亮？四周撒芝麻似的布满了大大小小的点，难道代表星星？这不就是众星拱月了吗？它的三只脚，怎么回事呢？或许是三足蟾？我百思不得其解。看它的眼睛，只有绿豆那么大，却也像我一样，充满了惊奇与疑惑。哦，它也想不明白，为什么自己是三条腿的吧？

我很愿意自己化身为这只独特的蟾蜍砚滴，来一番天马行空的演绎：我一面希望能回到天上，一面又想在人间多待一会儿，最后好奇心战胜了胆怯，这人间的稀奇事吸引了我，于是我历尽艰辛，终于来到了浙江省博物馆。

哦，博物馆，神秘的圣地。一个小小的砚滴，传递着越人的匠心，更诠释着典雅含蓄的永恒之美。

高柳鸣蝉船游南浔

夏日的到来，使大地变得滚烫，知了的一首歌打破了夏日的沉寂，杨柳依依，小船悠悠，南浔溪面上那摇晃的船，似乎等谁等得不耐烦了，但那翠绿柳叶间的蝉的歌声，却百鸣不厌，增添了夏日的生机。

今日，我在这故溪畔，坐上了荡漾在水波上的小船，船看似小，里面却也十分宽敞，漂漂荡荡的小船今天显得稳稳当当。"开船咯！"船夫那悠扬的叫声，在这炎炎夏日中显得十分和蔼可亲。穿上救生衣，船缓缓动了，看船夫那娴熟的动作，即使船左右摇摆，也一点儿都不觉得紧张和害怕，反倒感觉十分轻松与惬意。船两旁则是一片片古建筑，灰瓦白墙，让南浔古镇显得古韵十足。坐船，首先想到的便是水，波光粼粼，银光闪闪，让人亮花了眼。

来到通利桥前，忽觉这桥与平时截然不同，桥面上写着几个大字，桥旁则是一片片的绿荫，爬山虎占满了这座古老的石桥，让原本高耸庄严的桥变得青春亮丽，灰白的桥变得翠绿。来到桥下，顿时感到满身清凉，只见青灰色的石板被阳光镀上了一层色彩，似蛇，似弓，晃荡摇曳在石板上，使青灰的石板更加生动，闭上眼便觉得清风徐来，凉气袭人，十分惬意。出洞，太阳仍火辣辣地炙烤着大地，我却不觉得热与燥，而是有一种凉遍布全身，心也顿时平静了下来。

坐在船上，迎面飘来几缕绿油油的柳条，轻轻拂过我的脸颊，好似妈妈的手拂过，轻盈舒适。又到了兴福桥前，忽见一红锦鲤从水平如镜的溪面一跃而出，一眨眼便没了影子，只留下一圈圈荡漾着的水纹。不知不觉来到了广惠桥前，只见蜻蜓点水，时而高，时而低，时而急，时而缓，似与游者相乐。广惠桥下，清凉一阵阵袭来，光线也随之暗淡，我们的船成了潜水艇，十分昏暗，出了洞，感觉是重见天日，洞中的清凉却仍遍布全身，似乎在空调房中。

船靠了岸，上岸，身上早已不见夏日的燥热，果然心静自然凉。低头再看水，水上则漂着一片又一片的柳叶、梧桐叶，这些绿色的叶子在碧绿的水中十分隐蔽，若隐若现，怪不得我只看见这几片从上游漂下来的黄色枯叶，它们在水中漂来荡去，多姿多彩，有的在水中打着旋儿，有的慢悠悠地漂着，好像在等某位要好的朋友，还有的似乎存心在那儿玩，竟不按常理，从下流逆流到上游，应该是有风的缘故吧！

　　要走了，我又看了一眼那艘我们坐的船，它小巧玲珑，每一个部位都十分精致，几乎无一丝瑕疵，上面挂着的蓝印花布窗帘，朴素大方，从里向外看，比没有花窗的好看多了，有趣！船头红彤彤的灯笼，使人的心情也随之一亮。

　　有水的地方，果然要有船才灵动诗意。高柳鸣蝉之际，船游南浔，寻得了一种古意的悠闲，寻得了一份清雅的宁静。

百间楼

·⤳·

　　在那古老的南浔古镇的尽头，一片片灰瓦白墙建筑屹立在水平如镜的江边，每隔四五米便有着一个拱门，好似通往九重天的大门，这便是百间楼。相传，这个伟大建筑足足有一百间房，占了1/5的河道，真是蔚为壮观。

　　走过那全镇制高点——通津桥，再向右走100米，便到了耸立在浔溪两岸的百间楼，走到廊中，只见雕梁画栋，上面的灰色瓦片十分有规律，这些古老建筑虽经历百年沧桑，也遭日军轰炸，却仍不失昔日之风采，一抬头，只见水波反射出一条条的波浪，明晃晃的光在褐色的木板上十分显眼。

　　连绵不断的灰白色屋檐，组成了一幅美丽动人的画卷，半圆形拱门，蜿蜒无尽，一门别过，又有一门，迎面高矗着一堵雪白的墙面，忽觉得无路可走，却又出现了一个拱门，旁边杨柳依依，真是"山重水复疑无路，柳暗花明又一村"。一道道门已有些破旧，显出了岁月的沧桑。一进去，古色古香的室内让我大吃一惊，使我仿佛置身古代的建筑之中，木头小窗，虽不能有效防蚊，却十分透气，没有钢筋栅栏的阻隔，可以清楚地看见外面的风景，这是现代样式的窗所达不到的好处，还有那古朴的小桌小椅，坐上去，似乎自己就是旧时的人，过着旧时的生活。虽古朴、简陋，却十分自由自在、无忧无虑，正如陶渊明在《陋室铭》中所说："山不在高，有仙则名。水不在深，有龙则灵。斯是陋室，惟吾德馨。"这屋子邻近水源，十分方便，每隔10米便有一处可以下水的台阶，你知道为什么吗？因为这百间楼是明代万历年间的礼部尚书董份给儿子娶媳妇时造给100个陪嫁丫鬟所住，她们每天要洗衣洗菜，为了方便，所以建了这台阶。两岸屋檐上挂着许多红彤彤的大灯笼，从这头到那头，中间无一间断，灯光摇曳，映照着许许多多的燕子窝，燕子们在附近飞来飞去，有的在空中翩翩起舞，有的嘴里衔着一只只虫子，准备喂养雏燕，还有的正在忙忙碌碌地为将要出生的小燕子加固窝，以免不小心把蛋给打碎了。

百间楼在南浔古镇之顶端，曾经，它是古镇上最繁华、最兴盛的标志，现在终于也略显偏僻了。不过，如果你想来古镇觅一处自在逍遥之所，"百间楼"终不失为一个好的去处。

辑里丝

烈日炎炎之下，南浔的古老屋子中传来"吱吱吱吱"的织丝声，这便是辑里丝的织声。辑里丝原名七里丝，在清朝，一匹匹金黄的布曾从南浔直达北京，这是以珍贵质好的辑里丝制成的龙袍。

从此，七里村的辑里丝成了达官贵人的目标，大家争先恐后前来购买。从此，南浔的丝名扬海外，多次获得金银大奖，可是到了民国时期，曾风光一时的辑里丝却因日军侵占和机械化时代的到来衰退了，而且一蹶不振……

今日来到南浔湖丝馆，一进门便看见四个镀金大字"辑里湖丝"。再看两边，真是不看不知道，一看吓一跳，两边的屋子里陈列着的一块又一块的金光闪闪的杯与牌展现在人们眼前，壁画上写着的丝的功效更是让人大吃一惊。在美国，蚕丝竟作为药物来使用。走着走着，来到了镇馆之宝面前，这是三捆洁白如雪的蚕丝，是清末民国初时细细抽出来的，虽然我摸不到，但我仍感到了这辑里丝的"细、白、匀、韧"，仿佛那丝就在我的手中一样，细得似绣花针的针尖，而白得如雪，一头一尾，十分匀称，几乎无一丝差异。而"韧"则似乎是南浔"莲花种"最优良的特点，一个木架上，一根又细又长的蚕丝牵在杆的两端，若隐若现，中间稳稳当当地挂着11块沉甸甸的铜板，好似一个走钢丝的运动员有条不紊地在钢丝上行走，一点儿都不用害怕。镇馆之宝后面便是那一块块五彩斑斓的丝织品，红黄蓝绿，块块都十分精致，上面的花纹十分引人注目，有小巧玲珑的茉莉花，有红如火的玫瑰花，还有那摇曳生姿的吊兰，这些人见人爱的丝织品，无论是谁看了都会产生想要拥有的欲望。

这一卷一卷的丝，让我回想起清朝时期那鼎盛的丝织业，辑里丝赢得一块又一块金牌的光辉岁月，可是，看看如今衰败的丝业，多么希望时光回到那时啊！

南浔美食杂记

⁓

　　俗话说得好："人是铁，饭是钢，一顿不吃饿得慌。"一下车，我们便来到南浔古镇上品尝特色美食。

　　一早起来一定得吃早饭，于是我们点了双交面。老板说，在以前，这可是大户人家才吃得起的美食，碗中有鱼有肉，十分美味。面一上来，香气顿时扑鼻，热气腾腾的面上只有着一块深褐色的煎鱼肉，我带着疑惑的心情用筷子在碗中翻来翻去，果然，一块硕大的肉被面深深地埋在底下，看起来十分美味，咬一口面，味微咸，十分可口，而鱼肉外脆里嫩，肉则白嫩，真是色、香、味俱全。

　　早饭吃完要吃甜点，就来了份袜底酥，是因其形状如袜底而得名的。上面有着星星点点的黑芝麻，一口咬下去，香脆可口，再看，外面金黄皮上微微带点烤焦了的橙红，而里面则又是雪白的面皮，再细细品味一番，又吃出了一点儿咸味与一股莫名其妙的甜，这袜底酥脆、薄、色金黄，十分鲜艳，有个人还把它当成黄金，问老板，这能吃吗？他尝了尝，顿时清醒起来了，从他那惊喜的神情来看，一定十分好吃，他不停地吃，回味无穷。

木槌酥在南浔也十分有名气，当地老乡常来购买，黑的是芝麻味，土黄色的是核桃味，那芬芳扑鼻的是桂花味。木槌酥，顾名思义，是用木槌打出来的酥，做这酥十分费劲儿，要先理食材，再和在一起，然后用沉甸甸的大木槌用力敲击硬邦邦的食材，敲半个小时，切成块，这才算完工。做好的木槌酥大小不一，上面带着一些红与黄，这些颜色在黑色的木槌酥中十分显眼，也挑起了人们的食欲，一口咬了下去，"砰"的一声便裂成了两半，黑芝麻的甜味儿眨眼间便在我的嘴中散开，我都停不下来，只顾着把香甜的木槌酥放入口中，狼吞虎咽的样子跟猪八戒吃人参果一样，几乎没细尝出其他味道来，只品到了芝麻的香与甜。

其实八珍糕也是南浔古镇上的一大风味美食，它的制作工序虽少，但每一步极难，有了这样的工艺，才有好吃的芡实八珍糕。糕软软的，十分松，吃到嘴里，一股甘甜清凉的滋味从舌尖直沁肺腑，上面红枣味儿格外浓郁。我不怎么喜欢凉的东西，倒是为爸妈买了一盒。

自古以来，"民以食为天"。非此，现在也就不会有那么多美味的食物了。

圆明园记

..... ⟩ .....

　　所谓"万园之园"，即圆明园，众人亦谓之圆明三园，一为圆明园，一为长春园，一为绮春园。此之外，亦有小园数百，亭台楼阁上千，如众星拱月般散布于二十里之内。惜焚于英法之炬下，现已成一残垣，令人低头叹息。今之圆明园虽不如昔日之繁华，却也独有一番奇境。

　　由南门初入此园，毫无古之华丽，昔日之风花雪月，恍惚亦随时光而去。默然前行，遇一湖横于道上，似已无路，却忽见青石板绵延于幽幽树林之间，正可谓"山重水复疑无路，柳暗花明又一村"。

　　既出此林，湖水不绝于眸，举目广阔无边，碧波万顷，荷叶随风飘荡，与水嬉戏，游者见之皆驻足。莲花鹤立于叶，更引人频频注目。满湖莲花，似亭亭玉立之淑女，如风度翩翩之君子，一望无际，若真能幻化为人，定演绎梁山伯与祝英台一般之美事。此情此景，正可谓"接天莲叶无穷碧，映日荷花别样红"。

不多时，余等已至码头，众人皆满头细汗。船并未至，此时，天公作美，降微雨于园内，丝丝凉意，去夏时之炎热，带秋日之凉爽。身于其中，远处古木山峦似入仙境，若隐若现，与云相接，似置身于天宫之中。

恍惚间，船已至，上船，船身微倾，游于十里荷花之中，时有野鸭惊飞，凫雏扑腾，嬉戏追逐，其自由令人甚羡。

然终至令人叹息处，即昔日之精华所在——欧式建筑群集之地。百年前，在此之人，非皇帝，即妃嫔，太监、平头百姓怎可轻易进得？真令人羡极、妒忌。偌大一园，湖光山色掩映之中，多少亭台楼榭，珍禽异兽，奇花异草，叫人目不暇接。更兼巨石巧作异域风情之建筑，处处雕梁画栋，精美绝伦，如今只化作一处处断壁残垣，或无言静立于苍穹之下，或凄惨侧卧于荒草之中。有石，形如鼓，色极杂，棕赤灰白，相交于一面，令人惊叹。估之似有千斤之重，实不知当时如何置身此地。

余一行流连碎石之间，不觉暮色四起。回想圆明园之大，曰："紫禁城三倍大也！"欲原路返回，时已晚，无暇再观，遂罢，从东门出，只一刻钟脚程耳。

麻

    重庆的餐桌上，红艳艳的汤像一大盆血，却是那么鲜美，一个个拇指大小般的辣椒散发着呛人却又喷香的味道。在这热辣的汤中放上几把麻椒，那是再好不过的事了，一碗下去大汗淋漓，那麻从舌尖到整个舌头，全身为之一颤，那才叫舒服。

    正宗的麻椒植于四川云南一带，那儿的麻椒，麻且不辣，十分爽口。因此我们见到好多四川人，口袋里都放着麻椒，像我们嗑瓜子一样嚼着吃。我也学着他们尝了一个，可我完全不像四川人那样从容不迫，而是满脸紧张，好像要去冲锋陷阵似的，至少我当时是这样想的。没想到刚一入口竟尝出了微微的甜甜的味道，不是糖果的那种腻甜，而是带着点草味的那种甜，十分清爽，还弥漫着大自然的香气。可当唾液把整个麻椒泡开时，那麻椒心子里的麻味儿便开始慢慢散开，如同初升的太阳缓缓把阳光照耀到所有地方，那时我只觉得舌尖上的味蕾麻了，不过还挺舒服的，就像被一只小蚂蚁咬了似的，痒痒的。麻辣还是挺温柔的嘛，我决定咬它一口，这一下可不得了了，那麻椒就像是一个定时炸弹，我猛地一咬，把它给引爆了，那麻味争先恐后地涌出，占领了我的整根舌头，我的舌头好像已经不是我自己的了，完全失去了知觉，紧接着喉咙里虽不麻，可是十分呛人，只听"阿嚏"一声，所有人都笑了。"哼，竟敢让本尊在众人面前出丑，看我不吃了你！"我那时只顾报复，竟忘了它之前给我带来的灾难，于是10分钟后，我的肚子因为拼命灌水而成了一个湖，水在里面咕嘟咕嘟地叫，闹得大家更加大笑，我只好灰溜溜地走了。可是那可恶的麻椒惹的祸还远远不止这些，晚上去吃九宫格，一丝辣就吃得我又呛又咳。然后，只好吃了几天清淡的，我的眼睛盯着桌上的川菜，嘴巴里却只有寡淡的味道，哼，都是麻椒惹的祸。

这次来到水长城，见到了麻椒长在树上的真面目。奇怪的是，这里的麻椒不麻，或许是因为此麻椒未经太阳暴晒，或许是我早已学会吃麻的东西，抑或正如历史上所说的：橘生淮南则为橘，生于淮北则为枳。麻椒来到水长城后，被这里的水土培植得温柔平和了。

现在我最讨厌的是花椒。花椒不如麻椒麻，可是却有一种奇怪的味道，那味道像是洋葱一样呛人，感觉有一股火药味儿直往嘴里冲。可是我妈妈炒菜时十分喜欢放花椒，说是增香，我心想还不如放麻椒，因为花椒不小心被吃到，往往会让我难受得跳起来，我爸爸却说这味道十分爽快。

花椒和麻椒都属于花椒科，怪不得这么像。可是花椒的刺儿像一把把匕首，守护着果实的安全，那红红的果实一串串地挂在枝头，犹如一颗颗小小的灯笼。而麻椒树浑身布满圆圆的树瘤，一副老态龙钟的样子，青色而娇小的果实，除了成熟后颜色不同——麻椒始终保持青绿色，形状其实也有着挺大的差异。花椒果实的中间有一道深深的沟，好似战斗留下的伤疤；而麻椒则光溜溜的，十分可爱。

旅美日志

寒冷的迎接

一下飞机，清新的空气涌入我的身体，深吸一口气，通体清凉，丝毫没有燥热的感觉。一看表，什么？3:00北京出发，3:25便在纽约？不现实，不现实，一拍脑子，时差怎么忘了？哦，这"25分钟"坐得我好辛苦。

出机场大厅，还算如沐春风。可不一会儿，潇潇寒风便从远方赶来，在四周蔓延开，似水一般无孔不入，皮肤不小心裸露的每一处，都如同被刀子划了一样痛苦难耐。这冰冷的空气，从一个个张开的毛孔中争先恐后地涌进来，羽绒服仿佛已经缴械投降，寒意充满邪恶地向我的身体发动总攻，我却无能为力，只能在刮得正欢的寒风中瑟瑟发抖。

一群金发碧眼的陌生人若无其事地从我身边走过，有的，竟身着夏装，我看着都心发寒，我的妈呀！这寒冷也是能习以为常的吗？

看着遍地的白，我一愣一愣的，有雪吗？这天气预报，咋回事，谎报"军情"啊？我带着满脑子的疑惑请教姑父——生活在美国多年的姑父——可他那不以为然的回答又把我说得一愣一愣的。盐？这一地白花花的竟然不是雪，而是盐哪。噢！这也太浪费了，炒菜必不可少的盐怎可如此浪费？我正想发出质问，姑父又发话了："那是工业盐，用来防止结冰的，你还想吃呀！"我顿时更傻了，感觉，感觉一来美国，冰天雪地的，脑子肯定被冻坏了吧？都不够用了。唉！谁知道这后头还有什么稀奇古怪的事，可真让人既期待又忐忑呀！

上了车，车上暖气的威力又令我吃了一惊。淡定，淡定，我在心中暗暗告诉自己，更多奇葩的事一定还在后头等着我呢！

纽约全景地图

蔚蓝天空一望无际，巨大宏伟的白色建筑在一马平川的土地上拔地而起，巍峨峻耸。这座屹立在这儿，如群山般雄伟的建筑便是大名鼎鼎的皇后区博物馆。馆内有一件永久性展览的重要文物——震撼人心的纽约市全景地图。

几百平方米的纽约市全景地图上，条条道路相互交错，如人体血管一般清晰地展现在人们眼前，一栋栋高耸着的巨大建筑，在地图之上被缩得微乎其微，那么小巧玲珑，精致可爱，一分一毫都准确无误，没有丝毫出入。隔着玻璃，我们脚下的全景地图栩栩如生，仿佛一块巨大的屏幕，光影变幻中，活灵活现地展示出了纽约白天和夜晚的每一个细微变化，短短的几分钟内，便上演了纽约轰轰烈烈、如火如荼的一天。栩栩如生的场景，是设计者花费了多少心血才凝结成的呀！一代又一代纽约人呕心沥血拼成的版图，向全世界宣告，纽约，有多么繁荣昌盛，有多么美丽富饶，它想让全世界见证，这个原本印第安人统治下的落后无比的地域上发生的突飞猛进、日新月异的发展与进步！

创造的力量，多么令人心潮澎湃！

除此之外，馆内便没有什么可看的了，水电图与地形图，早已微缩在了宏伟巨大的全景地图中，若非专业人士，看不出什么名堂来。逛了一圈，走出博物馆，我们议论的热点依旧在那阔大的地图上。执着的开创者们，他们给这个世界带来的，不仅是无与伦比的繁华，还有勇于创造、勇于革新，为了理想而坚持不懈的美好精神。

科学之行

一

清晨，鸟儿的鸣叫让我在朦胧中醒过来，拉开窗帘，明媚的阳光照进屋子，整个屋子焕发出全新的色彩，干燥的风从窗口争先恐后地涌入，新的一天来临了。我带着满满的期待，迅速洗漱完毕，整装待发。

当我大步流星地进入这充满科学与智慧的建筑时，表哥Steven也不免满脸激动地冲进二楼空旷的展厅，我自然紧随其后，迫不及待地在科学的海洋中开始了求知的探索。异国他乡，语言是巨大的障碍，谁让我英语没学好？唉，不得不跟在Steven后面，亦步亦趋地做他的"小跟班"，憋屈啊！原来昂扬的斗志，瞬间垮塌下来，迷迷糊糊地进入一个倾斜着的房间，眼花缭乱的方块格子令我大吃一惊，思维变得更加昏昏沉沉，简直像只无头苍蝇一般。镇定，应该还有一些东西，是可以超越语言的，科学绝不会为语言所阻挡，还没进行深入的探究呢，就这么被自己打败了？那可不是我的风格。果然，这房子所隐藏的"诡计"在我迅速冷静下来的脑子面前开始变得脆弱。随着脚步的深入，这房子会让我们的眼睛产生错觉，每走几步，人就大几分。于是，"顶天立地"的我开始向蜷缩在角落中的Steven发出骄傲的挑战。哈哈，这下子，我可真是耀武扬威、得意扬扬了。

光，是科学中神奇、奇幻的物质之一，它抓不住、摸不着，却能给我们这个美好的世界带来明亮的希望，这是多么美妙呀！通过三棱镜，光折射出了带着奇幻般色彩的美丽彩虹；通过过滤镜，光向人们展现了危机四伏，却又无处不在的宇宙射线；穿过滤片的绿色，来到墙上，向人们证明了光的色彩组成，而滤片的绿，只是让绿光透过，光照过七色镜，证明了它可以组合起迷幻的色彩。

奇异的科学世界，永远在前方的空地，等待我们求知者去点亮光明、照耀大地。

二

令我更加脑洞大开的是那在旋转着的光筒，随着筒的旋转，一幅生动形象的图画便呈现在了我的眼前，有条小鱼在里边不停地摆动着尾巴，可我定睛一看，那只是几张连续的相片罢了。这时，Steven迫不及待地拉着我，我不由自主地跟着他乱转，他到底发现了什么？我疑惑不解，一向沉着冷静的他这时为什么显得这么冲动，还有一些诡异，显然是眼前这台带着神秘色彩的生物显微镜让他有些变化，只听他说：
"This！"我有些莫名其妙，但还是半信半疑地眯起眼睛，看向令人惊奇的生物显微镜。呀！正如Steven所料，眼前的事物，令我大吃一惊，有一豆大的微生物，在不停地追赶着另一芝麻般的微小生物，前面的跑得很匆忙，急吼吼的，仿佛赶上了什么大事，后面的却从从容容，不紧不慢，没有丝毫紧张的样子，可是，毕竟前一位"腿短"，后一位"腿长"，在几十秒的追逐后，大的终于从容不迫地把小的"抓"住了——它们黏在了一起——小的被大的给残食了。不到几秒，小的消失得无影无踪。大细胞完全把小细胞吞噬了！这一拨"操作"看得我真是不寒而栗。

时间正如朱自清所说的，太过匆匆，一晃，已过去了大半天，我们只好恋恋不舍地离开这奇妙无比的微观世界，前往笼罩着神秘色彩的无尽黑暗的大宇宙之中。

这将是处处带着外星世界的神秘之地。科学的翅膀，将带领我们飞往宇宙的深处。

自然之地

东风吹过冰封的湖面，带来一丝寒冷的气息。生活在南方的我从未见过如此白茫茫的湖面，湖边枯黄的茅草，尖端已被日夜的风吹日晒侵蚀成焦灰一截，仿佛指尖微微一碰，它就会夭折，它是多么柔弱，如同立于湖边的女子，在风的一呼一吸中显得楚楚可怜。

湖上其实已经闪过了一丝春的面影，只是，它还不肯早早地向人们展示它的美丽多姿。瞧，岸边，鸟儿在筑着巢，冰封的湖面也已有半边融化成照映着岸边美景的水了，水波将岸边点点的翠绿衬托得更加美丽动人。在这半湖冬末春初的水中，茅草显露出的不仅是它令人心生怜悯的可怜样，还有经过了春夏的繁荣、秋冬的枯萎之后浮现出的饱经风霜的憔悴，那只属于大自然的可叹又可爱的生灵们的憔悴。

动物们却顾不得茅草们散发出的一片哀叹，开始散发出初春的勃勃生机。

水面上，绿头鸭在活泼地拍打着、嬉戏着，一串串水珠如同一颗颗晶莹剔透的珍珠挂在鸭子的羽毛上，它们的掌蹼在欢悦地打着节奏，"啪啪"的声音，不正暗示着春天的到来吗？这正如苏轼所说，"春江水暖鸭先知"啊！

松鼠自然不甘落后，它在枝头活蹦乱跳，它们那么可爱，一点儿也不怕人，只要你对它们是十分亲和友善的，这些小机灵鬼还会小心翼翼地靠近你，在你裤腿上轻轻地蹭。

兔子就不如其他动物那般勤快了，它们依旧在有四五个洞口的窟里香甜地睡着大觉。或许，你在边上轻轻地散步时，它们嘴角上淌着的那代表它们熟睡的口水正悄悄地像露珠一样滴落下来呢！

这样的自然之地，真叫人意犹未尽，无奈时光不待，只能恋恋不舍一步三回眸地迈上返程了。

罗马·希腊·雕塑

艺术场馆，不愧是最丰富多彩的。首先，映入眼帘的是希腊与罗马的体态优美的雕塑，一尊尊多姿多态的雕像，在艺术的刻刀之下，犹如一个个活生生的人被搬进展厅，它们明明是静止的，却充满了动感，充满了力量。它们的眼睛，正是刻刀的点睛之笔，一条条柔美的曲线，一道道刻痕，在眼睛最后一笔落定后，就塑成了栩栩如生的人物。一抹抹单纯的白色，变得无比鲜活，充满了微妙的色彩。看着看着，你会忘记他们全身上下只是单调的白色，他们的一举一动，或跑或跳，或沉思或仰望，一刻不停地在你眼前变幻着。

然而，当我走到一座两人多高的乳白色的雕塑前，才真正明白了其中蕴含着的更大的魅力。

　　这便是鼎鼎大名的大卫雕像了。一双眺望远方的眼睛，第一眼看上去，仿佛是万分迷茫，眸子中闪过的，并不是勇敢，而是一丝疑惑；再看，他仿佛在心中下了决斗的决心，眼中掠过一丝对自由无比的渴望；最后，他的眼中迸发出了决斗的勇敢与激情，他已经点燃了心中战斗的火焰，又在这火焰上浇了一桶油，终于，他的全部的斗志与力量从眸子里喷发出来。他的每一块肌肉都展现了他心中那无与伦比的强大力量。作者用了多少日、多少夜的心血才创造出了如此富有朝气的形象！略微上抬的右手，仿佛是在给战斗前的自己打气，以鼓舞自己的斗志，立志要夺回属于自己国家的富饶的疆土。他心中燃烧着的不仅仅是激情，还有作者米开朗琪罗对艺术的热情，是他创造大卫时对这人物的全然的爱。

　　我不禁为这位大师真挚的情感而泪潸潸了。

非洲·神圣之处

　　非洲难以忍受的酷热让那儿的人们变得黑不溜秋，可我始终不明白，黑色不是会更加吸收热量吗？为什么黑人们适应环境后变成了黑色？并非白色？他们不会因为变黑吸收更多的热量而被闷死吗？

非洲的艺术更让人捉摸不透，他们是迷信，又不算是迷信，是崇尚神明的祖先所留下的宗旨，在人与人之间继续传承吧？馆中，藏品多为面具、礼器之类，可见非洲人对神明之存在深信不疑。夸张的装饰在阴沉的灯光下透露出一丝可怖，但是，我心中并没有生起在埃及馆时的那一丝恐惧与不安。他们并不是想以此来恐吓别人，我想这应该算是他们对自己文化所持有的一种特别的自信。因为水源的缺少，他们渴望老天下雨得以让他们生存。他们也不想被缺水这条阻断生命的绳索套住，他们不知道应该怎么去求水，生活所迫，他们尝试了挖井、开山、修河，可是，干燥的土地与气候让他们一无所获。在他们垂头丧气的时候，巫师出现了，他的运气真的好，天宫里，龙颜大悦，下了一场甘露。村民们惊异了，巫师也惊异了，但却装作是自己求雨所得，把自己吹上了天，也不怕把牛皮吹破。又一次求雨，又一次降雨，巫师在人们的心中已经建立起了威信，人们对他言听计从，却不知这几天顺风顺水，巫师只是瞎猫碰上死耗子，太幸运了而已……

一些偶然造就了现在的必然，非洲成了我们眼前的非洲。

不得不说，他们这种笨拙的艺术，也有着属于自己的特点，也有着让人们学习、使人们敬佩的地方。

　　只是这一张张样子怪异的面具，实在不能令人获得平时的心安，我快步走出，向最后一个场馆走去。

大洋之中，孤独之岛

　　一望无际的大洋，唯海风所至之处，与世隔绝之岛。

　　澳大利亚，在大西洋深处的神秘地域，它天生的地理位置，使世人们惊异，也让这片绿树遮阳的地方只存在着一个团结和睦的民族。不过，种族少，也对社会发展产生阻力，在文明社会的人登陆时，一支火枪，便改变了几百年野蛮，澳大利亚的社会经济有了飞跃，这是令本土人无比惊讶的时代，是澳大利亚人脱离捕猎，转而昂首迈进新世界的时代。

　　这个刹那间焕然一新的国家，在面对日新月异的科技时，却只能尾随别人，当一个跟屁虫——他们的祖先并没有留给他们什么。科考队伍在澳大利亚收集器物时，只有几个破石器，让人灰心丧气。倘若是在中国，类似的文物恐怕不计其数，数百年的、数千年的。当然，这是在澳大利亚，科考学家们感到了乏力，只好在这个馆中，挂出了一些古代澳大利亚人生活所需的兽皮、羽毛等。

乍一看，这些"生活用品"并无半点值得玩味之处，只不过是几撮毛所裁剪而成的衣服罢了。再仔细看，这一件件看似不足为奇的短衣，却是真正的裘皮大衣，最实在的，看似做工粗糙，实则却有着令人难以置信的章法，可能当时他们的器械并不先进，但他们有足够的耐心，用笨拙的石头刀展示出了皮草兽衣的独特工艺。那薄薄的石刃，在他们手中，仿佛天助一般，轻而易举便把充满韧劲的兽皮一分为二，边缘齐整，线条流畅，多么取巧！

至此，艺术之旅告一段落了，带着恋恋不舍的心情，我的旅美行程还在继续。

幻象横生

1

巨大的镜像映入眼帘，环顾四周，一块块晶莹剔透的玻璃嵌在墙壁上，镜子照着镜子，诞出另一番天地，仿佛辽阔无边。在这一个个相互接通却又独立的房间里，有着无数个"我"，多么奇妙的设计！我对空招手，所有人齐刷刷地向我招手，多么宽广的房间！六面镜子创造了无尽的空间，给人们留下了无限的遐想。这是在暗示人们，将心中的话语向

"自己"倾述吗？哪怕它们只能重复，无法交谈，也能给孤单的人一丝安慰。一种置于无人之地却有了同伴的感觉。我静静地驻足在这奇幻的房间里，抬头，无数人仰慕；低头，无数人跟随，啊，自由流淌的快感，足以产生狂热的幻想。在这个渺小的房间中扩大自己，尽情燃烧自己的激情吧！

浮想联翩良久，我才发现自己已然摇摇晃晃，跌跌撞撞，赶紧踉踉跄跄着"爬"了出来。原来，我没有征服世界，却被这世界所征服了，被这神奇的莫名的力量征服了。

回头见Steven好奇地摆弄着一根斜放的铁杆，一块木板如同拦路虎一般横着摆放着，中间一道弯曲的缺口，铁杆在底座上旋转，多么令人惊奇的设计，这，这铁杆是"飞"过去的吗？于是，便让Steven演示一遍，这杆子，仿佛柔中带刚，奇迹般地从那个缺口处突然通过，仿佛是变魔术一般从容地通过了这个狭小的木板。琢磨了一会儿，心中的疑惑终于成了小惊喜，原来，一定倾斜的角度在旋转时，会划过一道优美的弧线，只要把木板锯一个口子，便可以让人们大开眼界，飞一般地通过缺口，使人大吃一惊。

幻象，都是幻象。

二楼挤满了人，还有什么等着我们？我们迫不及待地随人流而去。

2

目之所及，两根直线穿插在一大一小的角中，于人山人海中格外醒目。其实那两条线并不稀奇，不就两根长短不一的蓝线吗？有什么特别之处呢？为什么它们会在这博物馆中有着一席之地？

有人拿来了一把尺子，我并不清楚他在摆弄什么花样，却见两条看起来可以相互交集的直线在一把尺子间平行了，我不明白，是这尺子会弯曲还是线段会伸缩，当他移尺子时，我左看右看、上顾下瞧，没有看出任何名堂，这两个角，仿佛被魔术师附上了魔法，用个幌子蒙蔽了人们的眼睛，让人们看到了这难以置信的事实。这件事，让我明白了耳听为虚，眼见也不一定为实的道理，真令我大开眼界，多么奇异的现象。

更令人大开眼界的是一排椅子。它直挺挺地"黏"在墙壁上，看似会马上掉落下来，摸一摸，却没有丝毫的动摇。眼疾手快的老爸立刻在瞬间拍下了一张精美绝伦的照片：我的小拇指稳稳地支撑起了我的全身，我横向的身体也像椅子一样，直勾勾的，没有丝毫晃动的样子。多么气派的照片，我不禁扬扬得意。爸爸和我的举动更加引得人们往这边涌，源源不断的游客在这个别致的设计前发出惊叹，我们尽了全力，才好不容易从茫茫人海中挤出来。刚站定身子，却见Steven的头在一个餐盘里滴溜溜打转，我大叫起来，双眼缓缓睁开……

3

我不知道为什么这些设计者能有那么多的奇思妙想，常常使你脑洞大开，或是他们真的在脑袋上开了一个洞了？这千奇百怪的想法才源源不断地从脑子里奔涌而出，成了一个个令人惊叹的摆设。

我看到的那个头的确是Steven的，他的身体在餐盘下面，餐盘上一摊鲜红的液体，仿佛正是鲜红的血液在流淌着，显得格外惊悚，更让人心头为之一颤的，是盘子旁错落有致地摆放着的刀具。第一眼看到，我差点儿被吓得魂都跑出来了，虽然我块头不小，却比Steven小2岁。勉强定了定惊魂，告诉自己一切不过是幻象而已。左转右转，围着餐盘转过三四圈后，我便也开怀大笑起来，这当然是一个摆设了。但细思起来，颇耐人寻味。它是想以此告诉人们这世间的可怖吗？在和平年代，我们人与人之间虽然极少会有这样的事件发生，但是战争时期呢？有多少被残忍杀害的无辜平民百姓，有多少鲜血淋漓的难民？难道不比现在看到的餐盘里的人头更加灾难深重吗？这个类似于恶作剧的设计，也许作者只是在用尖锐的嘲讽手法向人们表明了"人也能吃人"这个道理。他用这样夸张的方式警告着人们，不要迫害自己的同胞，我们全人类互相关心、互相爱护、互相帮助，才能过得更加美好。

走出门，回眸一看，刚才爸爸拍过照的那把椅子静静地立在那儿，显得那么坚固，再走远一点儿，它的四只木腿瞬间支离破碎。

坚实与脆弱，美好与残酷，仿佛只隔着一道目光而已。

长路漫漫

纽约的路纵横交错，密密麻麻，甚至连有些纽约人也记不住这错综复杂的道路，如同身处一个巨大的迷宫，绕呀绕，都不知自己在哪儿，谈何到达目的地？当人们无头苍蝇般到处乱撞、到处迷路时，地图便应运而生，纽约街头，几乎人手一份地图，而非手机，就是最原始的纸质的地图！

美国的4G，难以想象地慢，地铁里更是连信号都没有，搞得我晕头转向，这人生地不熟的，该怎么办呢？一个个字母组成的单词在眼前跳动，斗大的字，我却大多不识。到处是跃动的26个字母，在我们眼中，毫无意义。成了"文盲"

的我们只能东逛西逛，到处碰壁，地图已经难以满足中国人的使用需求，我们平时是否太过依赖手机啦？

当姑姑告诉我们某个有趣的地方时，我们兴致勃勃，踏上了征程。在手机前苦等3分钟，屏幕才缓缓地显示了那个地方，距离此地7英里！这么远，飞过去还差不多吧？我们拖着沉重的步伐，一步一个脚印，向那个神秘的地方走去，一步又一步……一步又一步……

地铁是没办法坐了，来龙去脉根本无法弄清楚，况且地铁站里还搜不到信号。看来，最可靠的还是自己身子下面实实在在的双脚，但是，此时的双脚仿佛灌了铅一般沉，每走一步都那么吃力，早上刚醒来的活力早就消失得无影无踪了，取而代之的，是从未有过的劳累，肚子在腿的持续耗能下已经咕咕地叫了，停止提供丝毫动力。我们终于止步在一家餐馆中，胡乱点了一些饭菜，大快朵颐起来。

啊，这看似如猪食一般的东西，也因为疲劳而变得如此美味！

前方，长路漫漫！

数学天堂

一进门，一个巨大的莫比乌斯带映入眼帘，看得我们愣愣的，连买票也忘了。

买完票还没等回过神来，我便兴致勃勃，迫不及待地冲了进去，这儿虽不大，却几乎蕴含了所有的数学知识，它们把一条条定律，一项项假设变成了实实在在、看得见、摸得着的实相，这个博物馆，简直是一个帮助人们领悟数字概念的地方，简直是一个又一个数学学霸的天堂，是一片数学的净土、乐土，连阶梯的设计都有着隐藏的奥妙，有着令人捉摸不透的道理。

最引注目的是一块独立的空间，那个房间不同于普通的房子，在一片昏暗中，亮堂堂的大厅显得十分突兀，这勾起了我极强的好奇心，忍不住进去一探究竟。

里边依旧是独立的一个个小桌子，上面放满了各种玩意儿，大多稀奇古怪。我从未见过如此多的数学玩具，不免心生好奇，看着几个人在椅子上绞尽脑汁，我也不敢轻敌，摆开阵势，准备与面前那个由15个方块组成的"数独"游戏大杀几个回合，必要时不惜决一死战！我摩拳擦掌、跃跃欲试，它却不为所动，在那儿静静地看着我，好像瞧不起我似的，这更激发了我的斗志。此战不胜，誓不回归！我的手在底座飞晃，时间也在一分一秒地流逝，虽然，没有剧烈的运动，却也让我满头大汗，可答案仿佛一直在躲着我，成功还遥遥无期，现在连"12"在哪儿都不知道，啊，等待我的仿佛只有绝望，我差点大叫起来。终于，我累得腰酸、背痛、手麻、腿抽筋，得以完成了大作。成功的滋味，来得真是太不容易了。

还来不及好好享用胜利的喜悦，我的目光便追寻着更多的新奇，投向了另一个角落。

镜
像

我家的酸梅汤

我家在城北开了一家酸梅汤饮品店。我家的店，只收心情不收钱，把你的心情录到一个小机器里，这种心情就会从你的身体里消失，然后你便可以品尝到奇奇怪怪的冰镇酸梅汤了。

为什么用奇怪来形容这种酸梅汤呢？因为它的味道不是店家可以控制的。它总是随着录的心情而变化，开心时甜中带酸，最为爽口；伤心时奇苦无比；被误解时是酸得掉牙；而紧张时却有点辣舌头。

就是放再多的糖、再多的梅子，心情不好，酸梅汤也不可能变得酸酸甜甜那么可口。

所以虽然不用钱，刚开张的时候，光顾的人却没几个，想必是这样奇特的酸梅汤太令人不可思议。毕竟是吃的东西呢，总有人怀疑我们在汤里动了什么手脚。或者我的爸爸、妈妈、外婆，其中总有一个人是什么心理学大师，能迅速读懂陌生人的心理，由此调出类似心情味道的汤。

今天我第一次来到我们家开的店。一进门就是扑鼻而来的梅子香，令人心旷神怡。店里到处芳香四溢，外婆围着一口小小的锅，戴着高高的厨师帽，专心致志地搅拌着酸梅汤。

嗯，这酸梅汤这么好闻，怎么每个人喝起来味道就这么不同呢？

其实，我也很想弄清楚那种汤的味道到底是怎么变化的。问了外婆，外婆神神秘秘的，每次都只是微微一笑。问爸爸，爸爸一本正经，可是支吾个半天，也说不明白。问妈妈，妈妈双手一摊，一副无可奉告的样子。

今天，趁着店里只有外婆，我又想问清楚关于酸梅汤味道的原理。

爸爸去采购乌梅了。那梅子单独吃起来，又酸又涩，一点儿也不好吃，爸爸却一箱箱地买回来。

妈妈去采购糖块。那糖块倒是甜甜蜜蜜的，带着花粉的香，百吃不厌。

"外婆。"我拿出撒娇的架势，黏向外婆。

"喝一碗？"外婆朝我挤眉弄眼的，一边拿过那个录心情的机器，其实就是一个葫芦。据说是外婆的外婆的外婆的外婆……外婆自己也算不清多少代了，总之，是一代一代传下来，一直传到现在的。

就算是自己家里人，要想喝这酸梅汤，也得先录下心情，否则，明明味道浓得不能再浓的酸梅汤，喝起来也会像白开水一样。

看来外婆又不打算告诉我酸梅汤味道的秘密了。好吧，我乖乖地录好心情，喝汤。嗯，今天的味道虽然主要是酸甜，但也有一点点涩涩的。

如果外婆能把汤的秘密告诉我，我肯定天天都能喝到酸酸甜甜的酸梅汤，世界上最美味的酸梅汤。说也奇怪，不知从什么时候开始，来我们店里的人慢慢多起来了。可是，顾客里多半是来录坏心情的。当他们把心中的伤心、愤怒、紧张录到葫芦里，再喝下一杯奇苦、奇酸或奇辣的酸梅汤时，他们的味蕾受到强烈的刺激，顿觉浑身一震，瞬间领悟到：身心再苦再痛也不过如此，长痛不如短痛，于是长舒一口气，轻松地走出门去。每当这时，外婆慈祥的脸上总会不经意露出淡淡的笑容。"每天活得轻轻松松的，就是一种福气哟！"她自顾自地说道。

不过那葫芦可遭了殃，怎么说呢？它好像变得越来越扭曲了。不再是那副胖乎乎、矮墩墩的憨厚样儿，也不再光滑平整了，左凸一块，右鼓一个包。

"唉！好久没人来录好心情了！"外婆看着变了形的葫芦，叹了一口气说，"好久没有闻到我小时候外太婆煮的那酸酸甜甜的味道了。"

"这样下去可不行哪。"有一天，外婆、爸爸、妈妈终于决定先关一阵子店门，他们天天聚在一起，开始认真讨论起葫芦变形的问题来。

"这葫芦还从来没有变形得这么厉害啊？"外婆小心翼翼地拿着葫芦，左摸摸右摸摸，上摸摸下摸摸，心疼得不得了。

"可不能在我们手上坏掉了哟。"妈妈也十分担心。

"我记得外婆的太太太太外婆曾经留下来一卷发黄的纸。"没等爸爸开口，我在一边插嘴说道。

外婆、爸爸、妈妈，同时问："你怎么知道？"

"我看到爸爸经常拿出来，盯着它一动不动，口里还念念有词，说什么这是妈妈的外婆的外婆的外婆……留下来的秘方，专门用来化解什么什么的。不是就放在爸妈的卧室吗？"

"那不是什么秘方，那是一张还没有研发好的配方，本来，外婆的外婆的外婆……是想要找到能够化解坏心情的方法，让大家都能喝上酸酸甜甜的酸梅汤。"

"可是现在也很好了。大家把坏心情吐出来，带着一身轻松走出店去，不是也很好吗？呃，除了这个葫芦不太好。"
我吐了吐舌头，不说话了。

"这样是好，但还不够好。那张配方，就是我们祖祖辈辈
一直想要努力的方向——如果能调出一种喝下去就能改变心
情的酸梅汤，那么葫芦里面录下来的，肯定就都是好心情啦。
而且酸梅汤的味道就不至于这么怪，它可以永远都是酸酸甜
甜的。"外婆带着满脸的憧憬说。

爸爸早就回房间拿出那张发黄的纸，上面落了一层薄薄
的灰，这阵子，大家都忙着店里的事，好久没动它了。

那张纸上画着一些奇奇怪怪的符号，一个字也没有。

接下来的日子似乎照旧如此。来喝酸梅汤的人，坏心情
的多，好心情的少。那天早上黑云密布，还没吃早饭呢，雨
就下了起来。

爸爸蹲在厕所里，又开始念念有词。雨越下越大，忽然，
一个响雷，把全家人都吓了一跳，只见爸爸惊慌失措地从厕
所里跑出来。

"哎呀，配方，那张配方啊，我放在了窗前的书桌上。"
爸爸一边跑一边喊。

"什么？"妈妈也向书桌冲过去。

来不及了，配方已经淋湿了，黏在桌子上。谁都不敢把

它揭下来，生怕一碰就全坏了。

全家都傻眼了。

忽然，我看到配方上隐隐约约出现了几个字："心情……比例……"

"心情？比例？"我忍不住念出来。

"什么？"外婆看着我，"你说什么？"

"配方上的字啊，写着心情、比例什么的。"我说。

爸爸把手撑在书桌上，和妈妈、外婆一起，盯着那张纸使劲看，也看不到我说的那些字。

"怎么会看不到呢？明明写着呀，心情、比例，其他的字模模糊糊的。"我也急了。

"对了！对了对了！"外婆恍然大悟，"就是这样啊。心情、比例！哈哈！就是这个方子。"

接着，爸爸妈妈好像也若有所思地笑了起来。

酸梅汤店又重新开业了，不过店里对顾客提出了新的要求，带着坏心情来喝酸梅汤的人，必须找一位拥有好心情的搭档。

奇怪的是，当他们双双对对来到店里时，录下来的总是好心情居多，坏心情要么变得不那么坏，要么完全消失了。

那个宝贝葫芦呢，也终于一天天恢复了正常。

　　"好心情、坏心情，比例还是很重要的啊。"外婆一边煮着汤，一边乐呵呵地念叨着。店里的生意越来越好了，因为更多的人尝到了酸甜可口的酸梅汤。

酒鬼牙

　　中秋节的到来，让家家户户都喝上了桂花酒。主人喝酒，嘴里的牙齿可不好受，那酒辛、辣，没有一颗牙齿爱喝，就只有那"酒鬼牙"，整天想着又香又甜的桂花酒，好不容易等到了中秋节，不喝醉怎么可以罢休。

　　当香甜的桂花酒缓缓流入齿间时，其他牙都捂紧鼻子嘴巴，只有酒鬼牙大张着嘴陶醉其中，可一不留神没站稳，便从自己的床位上掉到了桌子上。

　　呀！这世界真大，酒鬼牙看了看四周，一看，便定住了，因为他看见了自己所钟爱的桂花酒，他想要是可以住在那里该多好，可以天天享受醉酒之乐，好似在天堂一样。

　　他怀着快乐的心情动了动自己的身子，可是离开了嘴巴的一张一合，他几乎寸步难行。怎么办呢？

　　忽然，一阵嗡嗡声从远处传来，一架巨大的"轰炸机"飞了过来，忽地一下被一个手影打到一边去了，酒鬼牙跟着

360度打了好几个圈圈，差点掉下桌子去。他顿时酒醒了一半，心想，看样子这次可是凶多吉少呀。

等他终于停下旋转的身子，发现自己竟然离那个酒瓶子更近了一些。他的酒瘾又上来了，喝不到近在眼前的桂花酒，实在心有不甘啊。

该借助哪阵东风呢？让主人再挥一掌？虽然有些冒险，但好像这是唯一的法子了。酒鬼牙瞪大眼睛，使劲朝主人吹风。没用，全没用，主人好像也已经沉醉在酒里不可自拔了。除了偶尔蚊子的骚扰能够"打动"他，他只管一口接一口地喝酒。

唉，哪怕从嘴边漏下一滴酒来淋在我的身上也好啊，酒鬼牙想。

突然，前面一个黑色的小点在爬动着，原来是一只蚂蚁，酒鬼牙刚想开口向蚂蚁求助，蚂蚁也看见了他，蚂蚁心想：这家伙又白又嫩，一定是个好东西，带回去给大王说不定可以得到奖赏呢，便心花怒放地迎上去，二话不说，掂了掂酒鬼牙的分量，转身找同伴去了。

不一会儿，几只蚂蚁一起过来，将酒鬼牙抬起来就走。酒鬼牙喊着叫着，蚂蚁们像聋子似的无动于衷。

蚁穴中的道路密密麻麻，不一会儿酒鬼牙就被绕糊涂了。

　　终于，酒鬼牙来到了蚂蚁的皇宫。他全身都快被颠散架了。蚂蚁们将他扑通一声放在地上。他环顾四周，这皇宫真是富丽堂皇呀。突然，他听到引他进来的蚂蚁说："蚁后，我给您带来了美食。"酒鬼牙有些莫名其妙，只有蛀虫才喜欢吃我们牙齿，什么时候蚂蚁也吃起牙齿来了？没听说过啊？难道不是邀请我来当客人的吗？

　　酒鬼牙赶紧解释，可是蚁后也听不懂他在说什么。蚂蚁们将酒鬼牙抬起来，送到蚁后跟前，蚁后张开像两把锯子的手，挥舞过来。嗯？怎么一点儿都砍不动呢？蚁后用锐利的目光看向那几只小蚂蚁。

　　我就说我不能吃嘛。酒鬼牙这下长出了一口气。

　　几只小蚂蚁顿时不知该如何是好。他们赶紧跑上前来，左闻闻，右闻闻，没错啊，一股子桂花酒的味道；上摸摸，下摸摸，没错啊，白白胖胖的，怎么就不能吃呢？再用劲儿往里抠，啊，确实够硬的。

　　蚁后饶命！小蚂蚁们赶紧求饶。

　　几只公蚂蚁也来求情。

　　酒鬼牙看得目瞪口呆。他在主人的嘴巴里过惯了闲散自在的日子，实在没见过这些规矩，也没经历过这样动不动就会被处置的阵势。

小蚂蚁最终受到了严厉的惩罚。酒鬼牙呢？竟然被当成了蚁后的新宝座，天天被压在她的屁股底下。不过，偶然也能喝到几滴酒，那是蚁后从嘴边滑落下来的。

唉，他是多么后悔贪吃酒，多么想念以前的生活啊。

花春稻草人

当春天的阳光铺洒在一望无际的田野上，一株株绿得生辉的禾苗亭亭玉立，像一个个有礼貌的人一样，在那儿向我鞠躬。花园里，风信子和郁金香，也已经像一位位害羞的淑女，带着一丝丝羞涩，向蓝天碧草展现她姹紫嫣红的花瓣，花瓣在风中晃着晃着。我陶醉在这样的景象里，沐浴着阳光，用心去感受这多姿多彩，又令人琢磨不透的大自然。

稻草人立起来了，这是用去年八月我收割的稻谷梗做的，远看像一个遥望天际的人，在微风中微微晃动着，仿佛在惊叹这个世界的无比美好，近看却是一名带着些醉意的女子。

庭院里的花也已经全开了，玫瑰、月季、桃儿、含笑，各有各的风姿，在夕阳的映照下，这些令人惊叹的花儿，如同穿上了一层镀金的衣裳，显得更加美丽。

只有那几棵年年晚到的海棠，就像是病中的林黛玉，叶子极为反常地黄了。这下我慌了，祖母常说这是我的命根儿，我出生那年祖父从浙江那边运来的，这几棵树可是归我管的，祖母要是知道了，不知道该有多心疼。好不容易趁着祖母不注意，我气喘吁吁地跑到村口，那动物、植物的病都会看的陈大夫，忙得上气不接下气，终于在我的苦苦哀求下，抽出空来，为我看看这株垂死的海棠。他像给人看病一样，东瞧西看，一会儿掐掐树枝，一会儿摸摸树干，完了在我耳边耳语了几句，我似懂非懂地点了点头。

陈大夫走后，我在小小的却能容纳各种杂物的粮仓里翻箱倒柜地找寻，却始终找不到我想要的那件东西。这可如何是好？我坐在门口的长椅上，这长椅已有十几年的历史了，人一坐上去，它就吱吱呀呀地唱起歌来。长椅前面，正好是一望无际的田野，远处的稻草人，又在微微摇摆，暖暖的稻草扎成的头，轻轻点着，似乎读懂了我此刻的心思，知晓我这时最需要的一样东西究竟是什么。去年八月的稻草，除了稻草人身上的这些，其余的全都被烧成灰烬，化作禾苗的肥料了。这个村子已鲜有人家种水稻，种过的人家，也都像我们一样，一把火就将稻草收拾干净了，现在烧的都是煤气和燃气，留着稻草有什么用处呢？

可是偏偏陈大夫开出的方子里，竟然要用到稻草这味"药"。稻草唯一的来源就只能是这个稻草人了。他是绿油油的禾田的守护者啊，那么尽心尽力，夜以继日地伫立在田野里，吓跑了好多叽叽喳喳前来觅食的麻雀，也许还赶走过田鼠。

思来想去，还是不忍心对稻草人下手，这可是我亲手扎起来亲手将他立在原野上的稻草人。我只能既愧疚又心疼地看着院子里的海棠，叶子一片一片地落下来，看到很晚，在祖母声声劝说下，才依依不舍地躺到床上。满脑子里还是心疼，凋零的景象真是不忍心去想。祖母只得用和蔼的声音不停地安抚我，我终于缓缓进入了梦乡。

梦中的海棠依旧热烈繁盛，一个个含苞待放的花苞，像一个个鲜艳的小灯笼挂在枝头，而那几朵先开的花则像舞台上的歌手一样，大方地展现出自己的美丽风采。我站在海棠树下，伸出双手，接住一片片随风而落的花瓣，它们那么娇艳、那么美。

快天亮时，我被热醒了，伸手摸摸脖子，全是汗。转头看着窗外那一棵病恹恹的海棠，和梦中的海棠迥然不同，心中便更是难过。

记得那时我极小，村里还没有幼儿园。白天，我在村里满大街跑，调皮捣蛋"无恶不作"，一天到晚不见踪影。我身体好，精力旺盛，家人也就由着我到处撒野。可这海棠一

病，我也病了起来。看了各种医生，想了各种法子，都不管用，后来不知谁救了那海棠，它慢慢好起来，我也跟着慢慢好起来，于是，祖母就认定了这海棠就是我的命根。

如此，海棠仿佛又一次站在了垂死挣扎的边缘，我果然也支撑不住了，躺在床上一病不起。窗外的远方，稻草人依旧挺立着，兢兢业业地守护着我的庄稼，他的原野。不知怎的，他离我那么远，我却发现他原本有些木然的眼神，今天变得内容丰富起来，好像那黑色眼珠子里平时收藏起来的光，一时全都释放了出来，那光里，有对我的同情，对我的不舍，还有一丝勇敢刚毅。

我痴痴地看着窗外的稻草人。隐隐约约听到祖母对旁边的人说，这孩子像是被梦魇住了，唉！我不以为然，我明明清醒得很，比任何人都要清醒，我看到了稻草人眼中的光芒，那是别样的光，只有我能领会的光。可是祖母却一把把窗帘给拉上了，她心疼地看着我，生怕我东看西看，脑子更加混乱，更会胡思乱想。

我只好进入梦乡，寻找稻草人的踪迹，稻草人的目光，一会儿出现在我的眼前，一会儿又离我远去。

等我一下子醒过来，早已天亮。窗帘依旧关得死死的，祖母好像生怕我把它打开。不过我还是吃力地爬下床，打开窗帘，明媚的阳光从窗口照进来。

还来不及用目光去探寻稻草人的身影，我猛然发现，院子里的海棠好像好多了，仿佛一夜间抽出了许多新的枝条。我虽然还是感到有些疲倦，但温暖的阳光和忽然好起来的海棠让我精神为之一振。

我急忙跑到海棠前，不错，它的根部不仅仅有褐黄色的泥土和绿色的杂草，还有一根根金灿灿的稻草。难道，这就是我那稻草人的……躯体？

我不敢朝远处的原野看过去。那原野上，一定已经没有了稻草人的踪迹，只剩下矮矮的禾苗，也许还飞着一大群一大群的麻雀，它们尽情地欢呼着，庆祝稻草人的离去。我的稻草人，亲手扎的稻草人，难道他最后看向我的眼神，就是想要与我告别吗？

我不能再想下去，只觉得胸口一闷，便倒了下去。

再醒来，海棠已经完全好了，我的身体当然也康复了，康复得非常莫名其妙。只是我依然不愿意将目光投向原野，那吱吱呀呀叫唤着的长椅，我也好久不曾去坐。祖母像是知晓我的心事，又像是对一切都无所知。她只是经常摸摸我的头，笑着说：会回来的，四季在轮回，植物也一样。

秋天，又一批禾苗长成高高的稻谷，长出了沉甸甸的稻

穗。原野上，又竖起了一个遥望远方的稻草人。那是我与祖母一起做的稻草人。

当春花再次开遍山岗，开满公园，开进我家的庭院，稻草人又开始在田野里轻轻摆动，对着我微微点头。

千里茉莉

----- ◡ -----

    蜿蜒的山坡上，有着绵延千里的茉莉花，没人管它们，它们自由自在，无拘无束地长着。夏日，山里飘来了清香，虽然有大批大批的人进去游玩，但谁都不知这茉莉花的来历，因为乡政府也没有把它们挖掉。

    第一次见到这片花海时，我才7岁。那天，和两三个伙伴们一起进山来，闲着没事，觉得这儿飘着些许凉意，还时不时发出阵阵清香，就向这儿奔来了。一片茂密的树林遮天蔽日，一钻出树丛我就惊呆了，一眼望不到边的白茉莉，在远处与天相接，玲珑小巧的茉莉花连成一片时，如此壮观，犹如冬雪覆盖的大地，却比那雪白的大地更富有一种无与伦比的清香，让人心旷神怡。我在这片茉莉花海前惊心动魄地傻瞪了半天眼，伙伴们才气喘吁吁地跟上来，带着埋怨的语气问我为什么要跑这么快。我不动声色地看着纯洁无瑕的茉莉，心里默默记下了这片花海的身影，计划下次再来。伙伴们当然不屑于看花，又拉我去玩游戏，他们喜欢强烈的刺激。

当我再次仰望这片花海时，这儿已经成了无人问津的荒野，茉莉早已被人挖去了，只留下一些干枯的树枝，残留着淡淡的香和一股浓厚的泥土味儿。我如约来了，花却没能见到，那是我第一次见到茉莉花海的三个月后，一架飞机从窗户里飞进来，打在了正在午睡的我的头上，我眯缝着眼瞧了瞧纸飞机，只见上面隐隐约约写着几个字，好像是叫我13岁时到茉莉花海来，我正睡意蒙眬，无暇去管到底发生了什么事，转身又沉沉睡去。等我醒来时，却发现根本没有什么纸飞机，难道是南柯一梦？

正当我带着些许失望准备离开时，却惊讶地发现，一枝茉莉出现了，在我脚下散发出了无比熟悉的味道。我环顾四周，空无一人，只有枯木在风中摇曳，不时发出折断后枯燥无味的嘎吱声。我决定将这枝唯一鲜活的茉莉带回家，插在土里。此后的两个月，它迅速生长，长成了茂盛的一大丛，茉莉的花期已过，只留下星星点点黄中带白的残花点缀在绿叶中，真是让人无比怜爱，我始终小心翼翼的，生怕不小心把这几朵柔弱的茉莉花碰掉了。

快乐的暑假终于结束，再次进入无比单调的学习生活，每天周而复始，像一个不断循环的圆。某天早上醒来，忽然又闻到了令人难以忘怀的味道，是那么清晰，从我的鼻子吸进心脏里，再渗透到我的全身，令我蒙眬的眼神马上变得明亮起来。我一个筋斗翻下床，跑到窗户前，那碧绿的枝条中竟又抽出了小小的花骨朵儿，现在可是十月天，天气渐渐转凉，茉莉却依旧开花了，这是怎么回事？我可来不及细想，洗漱完，便又投入了紧张的学习中。当我经历了一天的奋斗，回到家里时，等待我的还有一场更加艰苦的奋战。终于结束一切，再次躺到床上，那无孔不入的花香从窗户外慢悠悠地飘进来，想必早已飘进来了，只是我忙于作业，没时间去管它罢了，当我伸出头想去看看奇特的茉莉花，那丛花却不见了，只留下一架纸飞机，上面有茉莉的清香。难道又是一场梦？我简直不敢相信自己的眼睛！

事到如今，我也不能明白关于这茉莉花的奇幻之事，到底哪些是梦哪些是真。只是6年后，当我再次站在童年的茉莉花山坡，心中无限感慨，仿佛漫山遍野的茉莉花海又回来了，带着铺天盖地的香，带着我与它的约定，那架纸飞机上的约定。

千里茉莉，一念牵。

雁南飞

———— ❧ ————

它是雁。

当同伴展翅翱翔于天际时，它受伤了。那个凶狠而狡猾的人，从草丛中抬起黑洞洞的枪眼，刹那间，子弹穿膛而出，擦过它的翅膀。它大声叫嚣着，希望在猎人开第二枪之前招呼更多的同伴逃亡到沼泽的里面去。群雁纷飞，转瞬消逝得无影无踪。

万分幸运的是，它只是受了一点儿皮外伤。中弹的是那只傻傻的、被第一枪就吓得惊慌失措的水鸟，一枪命中胸膛。殷红的血染湿了那只水鸟胸脯上的羽毛，它在地上扑腾了几下，便一动不动了。

落单的孤雁，用力扇动着翅膀，带血的羽毛在空中飞扬，像要把天边的晚霞都染红了似的。残阳下，突如其来的寂静，令空气显得分外压抑。风掀起的气浪，托起它疲倦不堪的身躯，当它终于飞上30米的高空时，猎人才把第三枪的火药铁砂装进双管鸟枪中，只听见他朝着雁飞去的地方咒骂了一声，终于拎起那只倒霉的水鸟迈向了回家的路。

它悬着的心得以稍稍松懈下来。但是，离开群体的生活是危险的。况且它还受了伤。它边飞边寻觅着雁群的踪迹，但伤口似乎在灼烧它的皮肤，它不得不停在一处沼泽地里，借着郁郁葱葱的芦苇隐藏自己的踪迹。它疲倦极了，无力再飞，况且盲目飞行，也许只会离大部队越来越远。它决定先处理好伤口，稍事休息再作打算。

太阳在血的照映下沉到了天际之外，晚上的肉食主义者可不会对它手下留情。它俯下身子，用嘴梳理着伤口处的羽毛。还好，伤口并不深，之所以如此疲惫，大约是因为惊魂未定，刚刚逃离生死之门的缘故吧。它不由得在心中回想起今天碰到的可怕事件，还是觉得不寒而栗。

睡吧，好好睡一觉要紧。它努力让自己镇定下来，这里还算安全。这一片芦苇长得相当厚实，它藏在其中，分外隐秘，应该可以过一个平静的夜晚。它这样想着，终于沉沉地睡去。

第二天的朝阳姗姗来迟，它身上的伤口像是被火烧了一样灼痛。是它大意了，原本以为只是受了点皮外伤，没想到铁砂的锈在它体内发威了。对于这种人类专门对付鸟雀的铁砂，它毫无办法可言。同伴的嘴喙倒是个好法子。可是，到哪里去寻找它们的踪迹呢？

它挣扎着，试图在这不着边际的沼泽中飞行一阵子，哪知双翅已如灌了铅一般沉重，只一会儿，它便跌入了旁边不深的水中，所幸不是泥潭，它松了一口气。

昨天刚结的血痂，在水中松动开来。看来，它必须在这块沼泽地再等五六天了，等身上的铁砂清除干净，等肉长出来。

西伯利亚的寒流从遥远的地方吹来，对于大雁，再不迁徙，等待它们的，只会是死亡。

肉在缓缓地生长着，它心急如焚，但也无可奈何。雁群无影无踪，早已不知去向。只能凭着方向，孤身一路向南了。

当西伯利亚寒流即将在沼泽地上肆虐的时候，它终于可以再次纵情飞翔。

它尽力扑腾着翅膀，孤身一人，夜以继日地向南飞去。没有同胞的陪伴与鼓励，只有不断更替的太阳和月亮，以及明亮的星群。

它是否能够重新回到雁群呢？谁也不知道。它越飞越远，在天边留下一个小小的黑点，在光的照耀下，那么夺目，像是一颗珍珠，散发着独特的光辉。

雨中渔

雨下起来了，顺着蓑衣流下来了，滴在他的手上。还是这儿清静，他早已厌烦了朝廷中的是是非非，是啊，那么多事的地方，只有那些觉得当官是荣耀的傻瓜才想去吧？说不定哪天飞来横祸命丧九泉都不知道，哪有这儿逍遥自在。朝廷有什么好，退隐才是真正的幸福。他喃喃自语，他们都说我太疯癫，不去当官，干吗到这种荒凉的地方？他们心中只有功名利禄荣华富贵，哪能体会到这儿的清闲自在呢？

他就是张志和，早已看透了朝廷中的钩心斗角之事，为此常挺身而出，替受屈者打抱不平，可又有何用？帮得了一时，挡不住一世。世风日下，奸臣继续嚣张，他早已无能为力，只好回到村子里避避世上的是是非非，好好静下心来，想想应不应该当官。

他身后的西塞山上已是郁郁葱葱，山上竹子直挺挺地立

着，"我可以像竹那样子耿直，但如今的朝堂，容得下你宁折不弯吗？生活远不如在此自由自在啊！"白鹭从空中掠过，只留下一道青烟和一声长啸，人生就如鸟飞过，一去不复返，白鹭远去的方向已被一棵桃树挡住，此时的桃树上开满了如同少女脸上红晕般的桃花，正如《诗经》所云："桃之夭夭，灼灼其华。"灼灼的花儿在丝丝细雨中微微漾开，在青天、碧草、绿树的映衬下，显得如此明艳和美好，天并不暗沉，只是天地之间，风雨飘拂，一切显出几许迷离。这多变的天，多变的人生。有晴也有雨，有盛也有衰。无论晴雨，无论盛衰，自在便是，自由最好。

此时山间寂静无声，只有流水在身前穿过。水叮叮咚咚的声音，在山中回荡着，令人感到无比心旷神怡。鳜鱼在水中扑腾着，像是为自己的自由而欢乐着似的，谁不为自己的自由自在而感到开心呢？他的心情又欢乐了起来，远离庙堂，终于可以痛快一场。于是他带上蓑衣，穿得像一棵棕榈树似的，行走在广袤无垠的天地之间，伫立在西塞山前的桃花源头，好像自己和大自然融为一体了。雨下着，人不动，只有"沙沙沙"的声音从蓑衣上慢慢地滚落下来，他一只手擎起钓竿在雨中垂钓，任凭思绪如雨一般漫天挥洒，似朵朵飞花。

人生短暂，何不坐着悠闲自在地垂钓呢？他回顾四周之景物，正是："西塞山前白鹭飞，桃花流水鳜鱼肥。青箬笠，绿蓑衣，斜风细雨不须归。"

薪火

少年在迈出第一步前，遥望山巅，迷离的云雾笼罩着山尖，唯有羊肠小道，直指天涯。

爷爷微笑着，少年有些迷茫。良久，他深吸了一口气，迈出了那属于70千米的第一步，带着爷爷当年举起便从未放下的信念，像极了爷爷当年迈出二万五千里的第一步。

少年踏上山腰，疾步徒行，望着深深浅浅的脚印，他倚着树休息。树叶在头顶上狞笑着，仿佛在嘲笑少年无能，嘲笑少年无力。少年想起爷爷的过往，敌人的狞笑里，绵延着脚步，是二万五千里的脚步；少年的目瞪口呆中，澎湃着河水，激流漾出雪白的泡沫，浪尖打在岩石上，嘹亮回响。少年手足无措。

爷爷说，那夜，对岸虎视眈眈的敌人，拿着木板，张牙舞爪，他们没有注意到，面前这支队伍眼眸里那一丝希望，那一份坚持。爷爷附在铁索上，铁索悬在大渡河上，打着寒战，身下，绝谷，爷爷冲了上去，出其不意。

少年咬紧牙关。蹚过河水，拖着疲惫的双腿，目光投向山尖，那迷雾仿佛已经散去，豁然开朗。眼前，爷爷的脚步若隐若现，身后，河水汹涌，仿佛在呐喊，也不知是鼓励，还是心有不甘。

少年跨上山尖，一步，便觉得眼前一亮，眼睛，心窗，猛然敞开。少年忍不住发出一声呐喊，喊出爷爷二万五千里的心声，喊出他一步一步走向山顶的坚忍。喊声，在峡谷里久久回荡，没有迷茫，没有彷徨，没有第一步的退却。少年变得和当年的爷爷一样，目光沉着，心如止水。少年笑了，嘴角漾起微微的笑纹，那是胜利的笑，那是坚持的笑。

那个少年是我，和爷爷一样，宣誓时把一往无前的信念融入心田，懂得了坚持的那一刻，便已风雨无阻。那个少年是中国，70千米不正象征着中华人民共和国风风雨雨的70载吗？蹚过一条条水，越过一道道坎，一颗颗跃动着的新时代少年的心，永远手执希望的火种，守着光明，坚定向前。

国子监故事新编

元成宗大德十年（1306），这座国家最高学府、代表全国教育最高政治机构的建筑——国子监始建了，几年后，这成了所有学子心目中的神圣殿堂。

1314年，京城内，清凉的雨滴，只挡得住暂时的炎热，雨后初晴，万里无云，太阳光使人睁不开眼睛。大伙儿都知道是秋老虎来了，农民们忙着晒谷子，没时间去买什么日常用品，城内的大街上虽没有了农民嘈杂的叫喊声，却是拥挤非凡。因为全国的学子都在进京赶考呢！谁不知道五天后那场令人无比激动的殿试？冯健可是公认的神童，12岁写出的诗，竟让太守赞叹，为了这次考试，他已经准备了12年。

要是考得好，可以进国子监啊！

天宫也有传闻，人间正要准备殿试，玉皇大帝闲着无事，便派太白金星下凡，让他去看个究竟，太白金星一落地，便成了个老公公。太白金星迎面见到那冯健走来，觉得眼熟，再看，呀！那不是文曲星吗？他忙跟上去，正想打招呼，心想这可是凡间，这样子不把这凡人吓死了才怪。于是，他在梦中告诉冯健，你可是文曲星下凡，定能考上状元。冯健一听高兴坏了，干脆不复习了，整天在外面说自己一定是状元，连本来看好冯健的人都有点讨厌他了。太白金星一看便生气了，哪有这样的人，一怒之下又找到了冯健，告诉他所有的事，说："明天子时我派人来抽你的筋，给你换个王八骨头。"冯健一听呆了，知道世上没有后悔药，只好认了命，太白金星见他太可怜，于是说道，"那时，如果你不出声，可以让你留一个嘴巴。"

到了子时，冯健突觉得背上有一阵剧痛，骨头和骨头碰在一起的咔嚓声显得十分可怕。冯健如同中了毒似的在地上滚来滚去，疼得死去活来，简直比死还难受，他愣是没发出一点儿声音，等到换好骨头，他好像被吸干了血一样，有气无力地坐在地上。

十天过去了，金榜贴了出来，他非但没点上状元，反而连之前的名次也被取消了。心灰意冷的他便在家乡开了一个学堂，他教书倒是十分好，学生中出了好几个举人进士呢。

据说他60岁的时候，一个算命老先生路过，看见他，便自言自语道："这金口怎么长在王八骨头上呢？"

乐天游记

------ ⟋ ------

　　暴雨连月不歇，西湖又闹洪灾，哪有闲情逸致去游山玩水？这不，好不容易等水退下去，心下的石头终于落了地。于是携琴一张、龙井数片、茶器全套，并小童闲步灵隐。不知几时，已达北高峰半山，古木参天，石道茫茫，似陷入迷境，乐天我正在兴头上，怎会想打道回府？有言道：老马识途。我就权当这马前世来过北高峰，干脆坐在马背上闭目养神，待睁眼时，几丛竹子伫立眼前，原来这马受不住热，竟跑到竹林里来了，不禁怅然失望，却渐闻潺潺琴声从林中传出，心下一惊，往竹林深处去探，后面小童实是吃不消，便留下看马。不知走了多久，微微琴声成了引路人，忽然，琴声连同一阵山风向更高远处扬起，袅袅而逝。我心中怅然若失，正待回头，一座半隐于山腰的庙檐赫然入目，我走近前去，只见那古匾上写着"韬光庵"三字，心中不觉好奇，既来之则安之，人已至此，不如隐名进去看看。我乐天在杭州

当了几年官，北高峰亦攀了数次，却从未听说有如此僻静之地。

叩门静待，两个小和尚拉开门，一个询问道："此地极少过往游人，你来做甚？"我特地卸下官服，穿着粗布麻衣，他们当然没有看出来，我便道："只是过往行人，要口水喝。"忽闻一个苍老的声音，从门中传出："老僧正缺品茶人，邀他进来。"连忙跨步进庵，只见小径通幽，两边修竹丛生，走了不久，眼前便出现一个亭子，亭柱上有一联："楼观沧海日，门对浙江潮。""好联好联！"我心里暗自叫好，此行看来也并非毫无收获，如此工整大气之联，定出自高人，果然有博学之士或隐居或游嬉至此啊？于是定睛往中间看，见一老僧闲坐在亭内，褐衣长衫，正欲煮茗。我忙迎上去，掏出辛苦背上来的西湖龙井，双手奉于那不知名的高僧，他便邀我共烹这名贵的龙井，还道："乐天居士，久闻盛名。"我顿时一惊，不多时也就心里明了：我乐天写的诗天下还有谁不知？前不久还作了《琵琶行》，又是令文坛骚动，人人传诵。只是不知禅师如何认出我来？这样自思半晌，忽然想起一事，忙问："法师如何称呼？""贫僧法号韬光。"好一个韬光禅师，既要韬光，必然有光，难怪乎那炯炯有神的双目能轻易识出我来。我默然不敢多言，只与他静静品茶。

山风一阵阵拂过山腰，各色枝叶在头顶沙沙作响，有如天籁，一曲作罢又来一曲，唇齿之间的茶香越来越淡，喉头的滋味却越来越浓。一壶茶毕，神清气爽，大有脱胎换骨之感。然茶事未了，韬光禅师又煎一壶他自家所制的粗茶，色不泽目，水不张扬，只见他手法轻盈无比，如蜻蜓点水，悠游自如，似凤凰点头，闲庭信步，再细品一口，果然与常不同，带着仙风道骨的韵味，那淡而幽远的感觉，竟似一幅高古的水墨丹青……

暮色四起之前，终于心满意足地赶回府，连日奔波加上茶劲儿过去，我倒头就睡，一觉天亮，好不清爽！第二天兴致又起，想即刻上山，却因西湖复又涨水，无暇再赴。

转眼数月已过，公务繁忙，分身乏术，心中却格外惦念法师，尤其他那壶装满了清风明月的茶。于是赋诗一首，送上山去：

白屋炊香饭，荤膻不入家。

滤泉澄葛粉，洗手摘藤花。

青芥除黄叶，红姜带紫芽。

命师相伴食，斋罢一瓯茶。

谁知等了半日，只等到他的一首和诗：

山僧野性好林泉，每向岩阿倚石眠。

不解栽松陪玉勒，惟能引水种金莲。

白云乍可来青嶂，明月难教下碧天。

城市不能飞锡去，恐妨莺啭翠楼前。

韬光禅师，果然更喜欢继续韬光养晦，不愿沾染凡俗尘埃呀！

此后，我再也没有动过类似的念头，欲访韬光之茶，便徒步前往，纵越岭翻山，也是人生快事！

一盏清茶，坐观沧海，面对浪涛，心如磐石。只是韬光禅师也许不曾料到，千年后，我与他的友谊，成了韬光寺中一段被众人津津乐道的传奇。